A SOLUÇÃO DOS SANTOS PARA NOSSOS PROBLEMAS

JOSEPH M. ESPER

A SOLUÇÃO DOS SANTOS PARA NOSSOS PROBLEMAS

Tradução: Diogo Rosas

petra

Titulo original: *Saintly Solutions to Life's Common Problems*

CIP-Brasil. Catalogação na fonte. Sindicato Nacional dos Editores de Livros, RJ.

E74s Esper, Joseph M.
A solução dos santos para nossos problemas / Joseph M. Esper ; tradução Diogo Rosas. - 1. ed. - Rio de Janeiro : Petra, 2016.

Tradução de: Saintly Solutions to Life's Common Problems
ISBN 978.85.8278.086-2

1. Igreja Católica - Cerimônias e práticas. 2. Catolicismo. 3. Fé. I. Título.

CDD: 264.02
16-37021 CDU: 272-282

Petra Editora
Rua Nova Jerusalém, 345 – Bonsucesso – 21042-235
Rio de Janeiro – RJ – Brasil
Tel.: (21) 3882-8200 – Fax: (21) 3882-8212/8313

SUMÁRIO

Lembrai-vos,
ó piíssima Virgem Maria,
que nunca se ouviu dizer
que algum daqueles que recorreram à vossa proteção,
imploraram a vossa assistência
e reclamaram o vosso socorro,
fosse por vós desamparado.
Animado eu, pois, com igual confiança,
a vós, Virgem entre todas singular,
como à minha Mãe recorro;
de vós me valho e,
gemendo sob o peso de meus pecados,
me prostro aos vossos pés.
Não rejeiteis as minhas súplicas,
ó Mãe do Filho de Deus humanado,
mas dignai-vos de as ouvir
e de me alcançar o que vos rogo.
Amém.

SÃO BERNARDO DE CLARAVAL

INTRODUÇÃO

É POSSÍVEL DIZER que aos cristãos de hoje — confrontados com uma sociedade que trabalha constantemente para minar ou desacreditar seus valores e suas crenças — sobram problemas morais e desafios na vida e faltam modelos de conduta. Possuímos mais conhecimentos técnicos e habilidades do que nunca, mas, ao mesmo tempo, estamos menos atentos às questões centrais da vida e mais confusos e incertos quanto às respostas que devemos dar a elas do que em qualquer outro momento da história recente. Este livro representa uma modesta tentativa de abordar tal desequilíbrio, chamando a atenção para aquelas pessoas particularmente qualificadas para nos ensinar como lidar com os problemas e dificuldades da vida: os santos.

Por meio de suas vidas espiritualmente bem-sucedidas, os santos podem nos inspirar, encorajar e transmitir sabedoria prática e exemplos sobre como lidar com os desafios da vida e superá-los.

Alguns santos apresentaram as piores características e comportamentos humanos, incluindo a ira, a cobiça e a luxúria, bem como muitos outros pecados, mas, com o auxílio da graça de Deus e por meio da própria honestidade, humildade e trabalho duro, eles se tornaram o que há de melhor entre as pessoas.

Ao contrário do que muitos de nós pensamos, como regra geral, a santidade não veio com facilidade ao santos. Tratou-se, antes, de uma luta e de um desafio contínuos, por vezes marcados por fracassos e obstáculos. Mesmo enquanto conformavam-se à imagem de Cristo, eles permaneciam demasiado humanos, com erros e peculiaridades, tentações e fraquezas, com perfis e personalidades únicos. Todos tinham problemas para resolver, tentações a vencer e dificuldades e irritações a serem suportadas.

Em outras palavras, eles eram iguais a nós... com uma diferença: em tudo o que faziam eles se esforçavam para descobrir Jesus e para viver como sinais e servidores de Sua Presença.

À medida que os santos se concentravam na Cruz, suas arestas foram gradualmente aparadas e polidas, seus defeitos superados e transformados em virtudes e a natureza humana deles, limpas, renovadas e glorificadas. Esse é o processo pelo qual todos temos de passar a fim de entrar na perfeição do Céu. Os santos, que já trilharam esse percurso, ajudam-nos de bom grado, mostrando-nos o caminho. Isso vale especialmente para a Virgem Maria, nossa Mãe espiritual, que constantemente intercede por nós. A Igreja nos insta a que nos voltemos a ela em todas as nossas necessidades, não importando se grandes ou pequenas, pois ela, mais do que ninguém, anseia por ajudar-nos a conhecer e a seguir seu Filho, Jesus, e ela — como Rainha de Todos os Santos — é capaz de obter para nós todos os tesouros da misericórdia e do amor divinos.

Neste livro, incluí muitos pecados, tentações, problemas, desafios e situações de vida com que se deparam muitas pessoas hoje em dia, juntamente com conselhos práticos e inspiração retirados do exemplo dos santos. O santo exemplo com que encararam os desafios da vida nos permitirá seguir seus passos no caminho para o Céu.

No entanto, os santos não nos ajudam apenas pelo exemplo; eles também intercedem por nós. As Escrituras nos dizem que "cercados como estamos de uma tal nuvem de testemunhas" (Hebreus 12,1), ou seja, pelos santos homens e mulheres que partiram antes de nós e que, como os anjos, agora velam por nós do Céu e intercedem a nosso favor. Santa Teresinha do Menino Jesus, a "pequena flor do Carmelo", escreveu: "Creio que os bem-aventurados no Céu possuem grande compaixão por nossa miséria; eles se recordam de que quando eram frágeis e mortais como nós cometeram os mesmos erros, suportaram as mesmas lutas, e seu amor fraterno torna-se ainda maior do que era na terra, por isso eles não cessam de nos proteger e de rogar por nós." Uma das riquezas pouco apreciadas da Tradição Católica é a veneração que ela consagra aos santos e o estímulo que nos dá para que busquemos suas orações e sua ajuda. Santa Teresa, que afirmou que dedicaria seu tempo no Céu a fazer o bem para aqueles na terra que pedissem sua ajuda, talvez seja uma porta-voz de toda a corte celeste a este respeito. Deus é glorificado quando Suas criaturas demonstram amor verdadeiro umas pelas outras — e os santos, como os anjos, são agora capazes de fazê-lo da maneira mais maravilhosa possível, e enchem-se de alegria quando lhes damos essa oportunidade.

Assim, em sua luta diária contra seus pecados, fraquezas e problemas, não conte apenas com a inspiração e o exemplo que os santos lhe legaram, mas rogue também a eles, para que possam interceder por você diante do trono de Deus.

O escritor francês Leon Bloy escreveu: "Há apenas uma tragédia na vida: não ter sido um santo." Em outras palavras, se não trilharmos o caminho da santidade — mesmo que ele comece apenas com nosso último suspiro sobre a terra — não podemos experimentar a salvação e a felicidade eterna. No Dia do Juízo, cada um será manifesto como tendo sido perfeita e completamente comprometido com Cristo, ou como completa e inalteravelmente opostos a Ele. Não haverá meio termo, como se aperceberam os santos; cada dia que passamos aqui, na terra, possui importância eterna. As Escrituras nos encorajam: "Longe de vos tornardes negligentes, sejais imitadores daqueles que pela fé e paciência se tornam herdeiros das promessas" (Hebreus 6,12). Esse é um conselho de vital importância, e oro para que este livro torne-o mais fácil de ser seguido.

REV. JOSEPH M. ESPER

AO LER ESTE LIVRO

AO LER ESTE LIVRO, quer você deseje aprender sobre os santos para sua própria edificação ou divertimento, quer busque ajuda ou conselhos para um problema ou situação de vida em particular, tenha em mente o seguinte:

Lembre-se de que, qualquer que seja o problema que esteja enfrentando, você não está sozinho.

Jesus prometeu permanecer sempre com aqueles que confiarem Nele (Mateus 28,20), oferecendo força e refrigério para os que estão sobrecarregados e exaustos (Mateus 11,28-29) — e todos os santos têm experimentado de modo pessoal essa ajuda divina. As histórias contidas nestes capítulos recordam-nos de que também os santos tiveram de lutar com os problemas da vida, e o exemplo de perseverança e confiança deles pode inspirá-lo a permanecer fiel a seus próprios esforços para responder ao chamado do Senhor.

Cultive a devoção a determinados santos.

Àqueles que experimentaram as mesmas fraquezas ou tentações que você e àqueles cujas vidas ilustram as virtudes correspondentes. É natural e adequado sentir uma afeição particular por aqueles santos que tiveram ocupações, dificuldades ou experiências de vida similares às suas; eles possuem uma compreensão especial de suas necessidades e são particularmente desejosos de assisti-lo se receberem seus pedidos de ajuda.

Não pense que trilhar o caminho da perfeição foi fácil para os santos, mas também não pense que será impossível para você.

Em sua maioria, esses homens e mulheres não *nasceram* santos. Eles tornaram-se santos em decorrência da disposição para cooperar com a graça de Deus.

Ao buscar a superação de suas fraquezas pessoais, escolha apenas uma área, no máximo duas, de cada vez.

Como os santos descobriram, a superação de nossos defeitos exige não apenas a assistência divina, mas também perseverança e dedicação humilde. Não tente fazer muito de uma só vez, afinal, desde que esteja tentando honestamente aproximar-se do Senhor, Ele terá muita paciência com você.

Se não enxergar de imediato as mudanças que busca — em sua personalidade ou em sua vida —, não desanime.

Alguns santos foram agraciados com milagres, outros passaram por conversões dramáticas, mas a maioria superou os erros e problemas um dia de cada vez, com o auxílio da graça de Deus. Mesmo o mais santo dos santos — com exceção de Nossa Senhora — caso perguntados se eram verdadeiramente santos, insistiriam que não passavam de pecadores. No entanto, a graça de Deus agia sobre eles de uma maneira extraordinária. Do mesmo modo, a sua receptividade para com Deus permite que Ele efetue mudanças em você mesmo que elas passem despercebidas.

Leia cada um dos pontos "Para refletir" contidos em cada capítulo.

Uma ou mais dessas citações, ideias ou sugestões podem lhe oferecer inspiração ou encorajamento. Peça ao Espírito Santo para que o torne receptivo a qualquer mensagem que você precise ouvir.

Leve em conta os conselhos contidos na seção "Algo a ser tentado".

Se eles não lhes forem úteis agora, continue rezando e refletindo sobre sua situação por pelo menos alguns dias, rogando ao santo de sua escolha para ajudá-lo a encontrar a resposta.

Leia as passagens bíblicas sugeridas como "Leitura adicional" em cada capítulo.

Peça ao Senhor para que lhe fale por meio de Seu Verbo, e para que lhe dê receptividade à Sua verdade em como ela se aplica à sua vida neste momento.

Faça as orações contidas no final de cada capítulo.

Se necessário, aproprie-se delas, modificando-as para que se ajustem a suas próprias vivências. Se desejar, escreva suas próprias orações sobre o assunto e reze-as todos os dias.

Os santos são aqueles homens, mulheres e crianças que chegaram com sucesso ao lar no Reino de nosso Pai Celeste. Eternamente enraizados no amor de Jesus Cristo, eles estão ávidos por ajudar-nos e alegram-se conosco à medida que, também, buscamos completar nossa própria jornada ao longo da vida.

I - ANSIEDADE

Não vos inquieteis com nada! Em todas as circunstâncias apresentai a Deus as vossas preocupações, mediante a oração, as súplicas e a ação de graças. E a paz de Deus, que excede toda a inteligência, haverá de guardar vossos corações e vossos pensamentos, em Cristo Jesus. FILIPENSES 4,6-7

ALGUNS SANTOS ESTAVAM sujeitos a preocupações e ansiedades como todos nós. No entanto, ao colocar a confiança na presença e nos cuidados do Senhor, eles foram capazes de superar seus medos. Alguns desses medos eram relativamente pequenos, tais como os experimentados pela Beata Helena de Udine, que, durante um período de dificuldades, aterrorizava-se até mesmo com ruídos altos. Outros eram bastante sérios, tais como os que Santo Agostinho de Cantuária, abade de um mosteiro em Roma, viu-se forçado a confrontar. No ano de 596, ele foi escolhido pelo Papa São Gregório Magno para liderar um grupo de quarenta monges em uma viagem missionária à Inglaterra, onde havia algumas comunidades cristãs, mas a ilha como um todo era pagã e incivilizada. Agostinho e seus companheiros partiram, mas, ao chegar à França, eles foram atemorizados por histórias sobre as perigosas águas do canal da Mancha e sobre a ferocidade das tribos anglo-saxônicas. Deixando ali seus companheiros, Agostinho apressou-se em voltar a Roma para consultar o papa. O sumo pontífice encorajou o apreensivo missionário e mandou-o de volta, dizendo: "Aquele que deseja escalar grandes alturas deve fazê-lo por etapas, e não de uma só vez." Agostinho retornou para junto dos outros missionários. Eles cruzaram o mar em direção à Inglaterra e lá tiveram grande sucesso difundindo o Evangelho.

Costuma-se dizer que as palavras "Não tenhais medo" aparecem nas Escrituras 366 vezes, uma para cada dia do ano (incluindo-se aí os anos bissextos). Nós certamente precisamos ser encorajados e recordados dessa maneira constante; a vida pode ser difícil e frequentemente está repleta de ansiedades, grandes e pequenas. Jesus disse a Santa Marta que, diferentemente de sua irmã Maria, ela: "[Andava] muito inquieta e [se preocupava] com muitas coisas" (Lucas 10,41). Marta levou a sério essas palavras e aprendeu a confiar no Senhor, tanto foi assim que, mais tarde, mesmo enquanto chorava a morte de seu irmão Lázaro, ela foi capaz de reconhecer Jesus como a ressurreição e a vida (João 11,24-27). Santa Maria Madalena, também reconheceu o poder de Cristo naquela ocasião; ela foi uma das poucas discípulas que, na Sexta-Feira da Paixão, ousou proclamar publicamente sua lealdade a Ele ao colocar-se sob Sua Cruz. Por sua coragem e devoção ela foi recompensada como a primeira testemunha da ressurreição (João 19,25).

Todos os cristãos são chamados a serem uma fonte de fortaleza e coragem aos demais. Uma pessoa que entendeu isso foi Santa Catarina de Siena, que — séculos antes das mulheres serem reconhecidas como iguais aos homens — utilizou sua tremenda influência para guiar os assuntos de papas e reis. O papado passou a ver Roma como hostil e desagradável e refugiou-se na cidade francesa de Avignon. Esse arranjo "temporário" começou a estender-se por cada vez mais tempo, em detrimento da Igreja. Catarina finalmente persuadiu um receoso Papa Gregório XI a deixar Avignon e retornar a Roma.

Outra mulher de força e coragem foi Santa Perpétua, mártir do início do terceiro século, uma mulher nobre (e possivelmente viúva) que havia dado à luz um menino recentemente. Após ser detida juntamente com alguns companheiros por ser cristã, ela manteve um diário na prisão. Nele, escreveu "Que dia de horror! Calor terrível, devido às multidões! Tratamento duro dos soldados! Para coroar a tudo, a ansiedade pelo meu bebê me atormentava... Tais ansiedades eu sofri por muitos dias, porém obtive permissão para que meu bebê ficasse na prisão comigo. Aliviada de minhas preocupações e ansiedades por ele, recuperei a saúde de imediato e a prisão tornou-se para mim um palácio e preferia estar lá a estar em qualquer outro lugar no mundo."

Santa Perpétua, sua acompanhante Santa Felicidade, bem como diversos outros cristãos, foram atacados por animais ferozes e depois mortos pela espada. De acordo com a lenda, o carrasco ficou tão abalado com a expressão corajosa de Perpétua que ela mesma foi obrigada a guiar a espada a seu pescoço.

Comparado com o sofrimento dos mártires, nossas preocupações podem parecer triviais, porém Deus nos oferece os mesmos dons de coragem e fortaleza que os sustentaram em suas provações.

Há um ditado que diz que "a coragem é o medo que fez suas orações". A oração é, de fato, a chave para vencer ou lidar com a ansiedade, pois ela nos assegura da presença de Deus e nos recorda de nossa necessidade de confiar na força do Senhor em lugar da nossa. Como disse São João Maria Vianney: "Deus vos ordena que rezem, mas vos proíbe que se preocupem." Essa atitude de confiança aplica-se até mesmo em nossos encontros com o mal, pois Santa Teresa de Ávila nota que cada vez que os maus espíritos não conseguem nos assustar ou nos dissuadir de fazer o bem, "eles se enfraquecem e a alma os domina com maior facilidade. Se o Senhor é poderoso e se eles são seus escravos, que mal podem eles fazer àqueles que servem a tão grande Rei e Senhor?". Nada pode nos acontecer sem o conhecimento e permissão de nosso Pai e ele é capaz de fazer com que todas as coisas concorram para nosso bem. Nós, de nossa parte, no entanto, devemos evitar a especulação inútil. Como nos diz São Francisco de Sales: "É mais do que suficiente receber os males que nos acometem de tempos em tempos sem antecipá-los por meio da imaginação." De acordo com São Jerônimo, confrontar nossos medos e fazer nosso dever a despeito deles é uma importante maneira de carregarmos nossa cruz. Assim, podemos consolar-nos de que, em nossos esforços para sermos corajosos, estamos de fato servindo a Cristo.

Uma pessoa que compreendeu tal fato foi São Thomas More, que, de sua cela na prisão, escreveu a sua filha:

> Eu não desconfiarei Dele, Meg, mesmo que me sinta perdendo as forças e à beira de ser tomado pelo medo. Eu me lembrarei de como São Pedro começou a afundar após uma ventania devido a sua falta de fé e farei o que ele fez: invocarei a Cristo e rogarei a Ele pedindo ajuda. E tenho então a confiança de que Ele pousará Sua santa mão sobre mim e impedirá que eu me afogue nos mares tempestuosos.

Como nota o santo inglês, devemos manter nosso foco em Cristo e não em nós mesmos. Uma vez que nos voltamos para Jesus em confiança, estamos prontos para seguir o conselho de São Francisco de Sales: "Se verdadeiramente desejares ver-se livre de algum mal, ou atingir algum bem, acalme e tranquilize a mente acima de todas as coisas; componha seu juízo e sua vontade e então busque seu objetivo de maneira calma e gentil, com os meios adequados." Jesus nos oferece Sua paz (João 14,17); se a aceitarmos e utilizarmos Sua graça, nada nos vencerá.

PARA REFLETIR

> "Nada te turbe,/ Nada te espante,/
> Pois tudo passa/ Só Deus não muda./
> Tudo a paciência/ Por fim alcança./
> Quem a Deus tenha,/ Nada lhe falta,/
> Pois só Deus basta."
>
> SANTA TERESA DE ÁVILA

> "Pare de dar ouvidos a seus medos. Deus é seu Guia e Pai, Professor e Esposo. Perca-se no seio divino do Seu mais santificado e bom prazer. Seja constante em seus exercícios espirituais e fiel na oração."
>
> SÃO PAULO DA CRUZ

"A ansiedade é o maior mal que pode recair sobre uma alma, com exceção do pecado... Quando nosso coração está perturbado por dentro, ele perde a fortaleza necessária para manter as virtudes que adquiriu. Ao mesmo tempo, ele perde os meios de resistir às tentações do inimigo, que então faz uso de seus maiores esforços para, como se diz, pescar em águas turvas."

SÃO FRANCISCO DE SALES

ALGO A SER TENTADO

São Paulo da Cruz nos aconselha: "Quando você notar que seu coração está se desviando o mínimo que seja daquela paz interior que nasce da fé, experiência da Divina Presença na alma, pare e examine qual pode ser a causa de semelhante inquietação. Talvez seja algo a respeito de sua casa, ou de seus filhos, ou alguma situação que não pode ser alterada neste momento. Esconda tudo na vontade amorosa de Deus." Recorde-se que nada pode acontecer sem o conhecimento e a permissão do Senhor e que, como um pai amoroso, Ele nunca o abandonará ou esquecerá.

Às vezes a ansiedade não é apenas um problema espiritual, mas é causada por uma doença mental. Se você sofre de um caso severo de ansiedade ou tem ataques de pânico, consulte seu médico. Ele pode lhe sugerir tratamentos homeopáticos ou naturais ou receitar-lhe remédios.

LEITURA ADICIONAL

Mateus 6,25-27.34; 1 Coríntios 7,32

Exercícios espirituais, de Santo Inácio de Loyola;
Introdução à vida devota, de São Francisco de Sales.

***

Deus Todo-poderoso,
Que conheceis nossas necessidades antes de nossos pedidos,
bem como nossa ignorância em pedir:
libertai Vossos servos de todos os pensamentos
ansiosos acerca do amanhã;
Dai-nos o contentamento com Vossas boas dádivas
e confirmai nossa fé,
para que, ao buscarmos Vosso Reino,
Vós não permitais que nada nos falte,
por meio de Jesus Cristo Nosso Senhor.
Amém.

SANTO AGOSTINHO

II - AMIZADES DESFEITAS

[Disse Jesus:] "Chamei-vos amigos, pois vos dei a conhecer tudo quanto ouvi de meu Pai." JOÃO 15,15

A AMIZADE PODE ser fonte não apenas de crescimento espiritual, mas também de grande prazer e satisfação. Portanto, o término difícil de uma amizade pode ser também causa de considerável dor e sofrimento. Discussões, desavenças ou mal-entendidos podem pôr fim a relacionamentos que haviam sido vivificantes e enriquecedores. Se isso aconteceu com você, tenha coragem, pois alguns santos passaram por esta mesma experiência infeliz.

O principal exemplo de uma amizade chegando a termo envolve o próprio Jesus, pois um de Seus próprios discípulos O traiu. Quando Judas Iscariotes conduziu a guarda do templo ao jardim de Getsêmani para prender Nosso Senhor, Jesus dirigiu-se a ele como "amigo" (Mateus 26,50) — não com ironia ou sarcasmo, mas de maneira genuína e amorosa. O Senhor estava disposto a perdoar Judas pelo que ele fazia, porém este recusou. A relação teve um final trágico, não porque Jesus assim o quis, mas porque Judas entregou-se ao desespero após seu ato de traição e enforcou-se.

Há diversos exemplos de amizades difíceis entre os santos. São Paulo e São Barnabé eram amigos próximos; na realidade, foi Barnabé que apresentou Paulo a São Pedro e aos demais apóstolos. A aceitação de Paulo por Barnabé ajudou a superar as suspeitas dos outros primeiros cristãos em relação ao antigo perseguidor da Igreja, e os dois apóstolos foram escolhidos pelo Espírito Santo para partirem juntos como missionários. Barnabé fez com que seu jovem primo, São Marcos, os acompanhasse. No entanto, durante a jornada, Marcos (também conhecido como João Marcos, ou João) retornou por algum motivo desconhecido (Atos 13,13), o que irritou Paulo. Quando os dois apóstolos estavam preparando-se novamente para outra jornada missionária, Barnabé quis levar Marcos novamente, porém Paulo, recordando-se da inconstância anterior do jovem, não o permitiu, e isso ocasionou uma ruptura temporária entre os dois amigos.

No século IV, Santo Heliodoro conheceu São Jerônimo na Itália e tornou-se primeiramente discípulo e, mais tarde, amigo do grande erudito, ajudando até a financiar a tradução da Bíblia para o latim (a língua comum da época) feita por Jerônimo. (Essa tradução, solicitada pelo Papa São Dâmaso, ficou conhecida como a *Vulgata.*) Quando Jerônimo e seus discípulos foram à Terra Santa, Heliodoro os seguiu, apesar de recusar-se a unir-se a eles numa vida de retiro no deserto por sentir que Deus não o estava chamando para tal estilo de vida. Jerônimo, conhecido por seu temperamento inflamado, zangou-se muito com isso e censurou Heliodoro em uma acalorada carta. Heliodoro retornou à Itália e foi nomeado bispo da pequena cidade de Altino, onde demonstrou uma natureza generosa e disposta ao perdão, ao continuar enviando ajuda financeira a Jerônimo.

Por vezes, diferenças de personalidade podem tornar uma amizade difícil. O exemplo clássico disso envolve São Basílio Magno e São Gregório Nazianzeno, do século IV. Basílio era extrovertido, enérgico e determinado; Gregório era sensível, tímido e retraído. Ambos tinham sido ordenados sacerdotes — Basílio de bom grado, Gregório, com muita relutância — e ambos retiraram-se a um mosteiro por um tempo. Em 370, Basílio foi nomeado bispo de Cesareia e provou ser a pessoa adequada para protagonizar a defesa dos ensinamentos da Igreja contra as heresias de seu tempo. Dois anos depois, ele, por sua vez, nomeou seu relutante amigo Gregório como bispo de Sásima. No entanto, em lugar de dirigir-se para lá, Gregório permaneceu em Nazianzo para ajudar ao pai, que era o bispo local (nos primeiros tempos da Igreja, o celibato não era obrigatório para o clero). Isso irritou muito Basílio, talvez acostumado a ver sua vontade respeitada em tais casos. Ao final, porém, os dois amigos se reconciliaram e, caso essa reconciliação não tivesse acontecido em suas vidas terrenas, podemos estar certos de que ela teria acontecido no Céu.

A amizade é um dom de Deus. De fato, de acordo com Santo Elredo de Rieval, "Deus é amizade". É por isso que São Francisco de Sales foi capaz de afirmar: "A amizade começada neste mundo será retomada, para nunca ser desfeita." Esse pensamento pode ser um consolo se você estiver entristecido pelo fim de uma amizade que já foi boa. Todas as relações desfeitas serão curadas e levadas à perfeição. (Se você *não quiser* restabelecer uma relação com alguém, mesmo no Céu, é melhor começar a rezar e pedir para mudar de ideia, pois a única forma de evitar conhecer e amar alguém na eternidade é um de vocês — ou ambos — ficar de fora do Reino de Deus).

Nossos amigos devem ajudar-nos a crescer em santidade e devemos fazer o mesmo por eles. Tal ajuda no crescimento em santidade pode por vezes exigir a correção fraterna. No entanto, a respeito disso São Francisco Xavier nos aconselha: "Quanto melhores amigos forem, mais francamente você pode falar, enquanto se conhecerem de forma superficial, porém, não se apresse em repreender." Nossa preocupação pelo bem-estar espiritual de nossos amigos envolve sempre o risco de que eles se ofendam ou se entristeçam conosco, porém cada amizade — mesmo uma desfeita — pode ser uma bênção quando observada do ponto de vista da eternidade.

PARA REFLETIR

> "Particularmente quando me encontro fatigado pelos aborrecimentos do mundo, lanço-me sem reservas ao amor daqueles que me são especialmente próximos. Sei que posso confiar com segurança meus pensamentos e considerações àqueles que estão inflamados com o amor de Cristo e que se tornaram

meus amigos fiéis. Pois eu os confio não a outro ser humano, mas a Deus, em quem eles residem e por quem são o que são."
SANTO AGOSTINHO

"Para aqueles que vivem no mundo e desejam abraçar a verdadeira virtude, é necessário unir-se em santa amizade."
SÃO FRANCISCO DE SALES

"Se uma pessoa fosse insultada, agredida e presa por um de seus amigos, quão aflita ficaria ao saber que seu amigo não se recordava de nada disso e nem queria ouvir as pessoas falarem a respeito. Por outro lado, quão grato ficaria ela em saber que seu amigo sempre falava com carinho do acontecido e a agradecia com frequência por isso. Dessa forma, Jesus Cristo alegra-se muito quando lembramos com amor e gratidão de Suas dores e tristezas, bem como da morte que Ele sofreu por nós."
SANTO AFONSO DE LIGÓRIO
(Cada vez que somos tratados injustamente por um amigo, podemos nos perguntar como temos tratado o maior Amigo de todos.)

ALGO A SER TENTADO

Santo Agostinho diz: "Quando somos assediados pela pobreza, entristecidos pela perda, pela doença ou pela dor, deixemos que bons amigos nos visitem. Deixemos que eles sejam pessoas que podem não apenas alegrar-se com quem se alegra, mas também chorar com quem chora. Deixemos que sejam pessoas que saibam dar-nos bons conselhos e que nos conduzam para que expressemos nossos próprios sentimentos ao falar." *Você* deve ser o bom amigo de que fala Santo Agostinho, até mesmo para seus antigos amigos — especialmente quando eles passam por momentos difíceis. Isso será um sinal de verdadeira caridade cristã de sua parte e, no caso de uma amizade desfeita, pode até mesmo tornar possível uma reconciliação.

É importante manter um espírito de caridade em relação a antigos amigos, mesmo que eles ajam de maneira injusta com você. Quando São Thomas More foi condenado à morte por recusar-se a aceitar o casamento inválido do rei Henrique VIII, ele disse a seus juízes — alguns dos quais haviam sido seus amigos e colegas — : "Como São Paulo segurou as vestes daqueles que apedrejaram Estêvão, e como eles são agora amigos no Céu e lá devem continuar como amigos para sempre, assim eu confio verdadeiramente e orarei com fervor para que, apesar de Vossas Excelências terem sido juízes presidindo sobre minha condenação aqui na terra, nós possamos, a despeito disso, encontrar-nos no Céu na salvação eterna."

LEITURA ADICIONAL

Eclesiástico 6,6-7.14-17; Jó 42,10; João 15,13.

Introdução à vida devota, de São Francisco de Sales.

***

Meu Jesus,
desde toda a eternidade,
Vos contentastes em entregar-Vos a nós em amor
e plantastes dentro de nós um desejo espiritual profundo
que apenas por Vós pode ser satisfeito.
Posso ir ao outro lado do mundo, de um país a outro,
para riquezas cada vez maiores, de prazer em prazer,
e ainda assim não estarei satisfeito.
O mundo todo não é capaz de satisfazer a alma imortal.
Seria como tentar alimentar alguém faminto
com um único grão de trigo.

Podemos nos satisfazer apenas ao colocar em
Vós nossos corações imperfeitos.
Somos feitos para amar-Vos;
criastes-nos como Vossos amantes.
Por vezes acontece de amarmos menos o próximo
à medida que melhor o conhecemos.
Convosco, porém, é o contrário:
quanto mais Vos conhecemos, mais Vos amamos.
O conhecimento de Vós acende tamanho fogo em nossas almas
que nos retira toda a energia para os desejos mundanos.
Meu Jesus, como é bom amar-Vos.
Permiti que eu seja como Vossos discípulos no monte Tabor,
não vendo nada além de Vós.
Sejamos como dois amigos,
incapazes de ofender um ao outro.

SÃO JOÃO MARIA VIANNEY

III - DIFICULDADES NOS NEGÓCIOS

[Disse Jesus:] "Fazei para vós bolsas que não se gastam,
um tesouro inesgotável nos céus, aonde não
chega o ladrão e a traça não o destrói.
Pois onde estiver o vosso tesouro, ali estará
também o vosso coração." LUCAS 12,33-34

COMO A MAIORIA dos cristãos de hoje, muitos santos tiveram de ganhar a vida secularmente, e alguns lutaram com dificuldades em seu trabalho. Seu exemplo e orações podem nos trazer ajuda e inspiração em nossos momentos de dificuldades terrenas.

Em primeiro lugar, devemos recordar e honrar São José Operário, o humilde carpinteiro cujo trabalho duro sustentou a Sagrada Família. Apesar de certamente ter se sentido frustrado e preocupado com o fato de Jesus e Maria viverem na pobreza a despeito de seus maiores esforços, ele nunca se queixou. Sua honestidade e sua dedicação fazem dele o patrono de todos os que trabalham para viver.[1] Durante a Sua vida pública, o próprio Jesus tinha orgulho de identificar-se como filho de um carpinteiro (Mateus 13,55).

Devemos nos lembrar também que, além de um coletor de impostos, Jesus escolheu homens simples e trabalhadores — em sua maioria pescadores — para serem Seus apóstolos. Ele não desejava os escribas e doutores da Lei bem-educados, cheios de soberba por seu conhecimento religioso, e sim pessoas comuns, cuja humildade

1 Em 1955, o Papa Pio XII — a fim de se contrapor à concepção comunista do trabalho como nada mais do que um meio de construir um reino marxista na terra — fez do dia 1º de maio (o "Dia do Trabalho", feriado comunista dos trabalhadores) a Festa de São José Operário.

permitiria ao Espírito Santo transformá-las em trabalhadores produtivos no Reino de Deus.

Deus promete a seus servos felicidade no mundo vindouro, mas não necessariamente sucesso neste, e nós vemos isso confirmado nas vidas de diversos homens e mulheres santos. O Beato André Bessette, um irmão religioso canadense, foi malsucedido em uma série de ofícios, incluindo os de padeiro, sapateiro e ferreiro.

Santa Isabel Ana Seton, a primeira santa nascida nos Estados Unidos, casou-se com um rico empresário. Onze anos depois, porém, tanto seu negócio quanto sua saúde se deterioram e Isabel foi forçada a assumir pesadas responsabilidades. Após a morte do senhor Seton, e após sua própria conversão ao catolicismo, ela abriu uma escola em Boston para sustentar seus cinco filhos.

Santo Afonso Rodrigues foi um comerciante espanhol de lã no século XVI. Apesar de ter sido empresário capaz, uma crise econômica trouxe-lhe muitas dificuldades. Tomando esse e outros infortúnios como um sinal de Deus, ele finalmente vendeu seu negócio para seguir uma carreira religiosa.

Com frequência os santos não são melhores do que nós para ganhar dinheiro ou para investir. No século XI, São Guido de Anderlecht foi convencido por um comerciante de Bruxelas a unir-se a outros especuladores e investir suas pequenas economias num negócio. Guido concordou devido a um propósito nobre: a empreitada lhe renderia mais dinheiro para dar aos pobres. O santo perdeu tudo, porém, quando o navio que levava os bens dos investidores afundou ao deixar o porto, Guido sentiu-se culpado por ter tentado ganhar dinheiro sozinho, em lugar de confiar em Deus para provê-lo.

Um investimento malsucedido também afetou a vida de Santa Lutgarda. Seu pai perdeu o dinheiro destinado a seu dote em uma especulação comercial, fazendo com que ela fosse enviada a um convento, e só após ter uma visão de Cristo ela adaptou-se à vida religiosa.

Santa Joana Delanoue, que herdou o negócio de seus pais — um comércio de roupas, cerâmica e artigos religiosos, vendidos sobretudo a peregrinos em visita a um santuário próximo — chegou a ser uma comerciante de sucesso. A princípio, ela buscou ganhar o máximo de dinheiro, vendendo mercadorias acima do preço, recusando-se a conceder crédito, e, para escândalo da paróquia, abrindo sua loja sete dias por semana. Ela também permitia que os peregrinos passassem a noite em sua casa, por um preço exorbitante.

Joana, então, foi tocada pela graça divina e se arrependeu. Ela deu seu primeiro passo firme em direção à generosidade ao doar um vestido, e devido à satisfação que esse ato lhe trouxe, ela logo passou a doar outros itens (em segredo, sempre que possível), compartilhando suas refeições e sua casa com aqueles que não podiam pagar e dedicando todos os seus recursos ao auxílio dos pobres. À medida que sua renda diminuía, ela precisou buscar mais trabalho, chegando mesmo a pedir dinheiro aos ricos. Por sua generosidade, Santa Joana tornou-se um fracasso nos negócios, mas guardou para si uma riqueza eterna no Céu.

O sucesso no mundo é frequentemente fugaz e ilusório; apenas as riquezas celestes nunca irão nos desapontar.

PARA REFLETIR

> "A vida econômica põe em causa interesses diversos, muitas vezes opostos entre si. Assim se explica a emergência dos conflitos que a caracterizam. Todos devem esforçar-se por reduzir estes últimos através de uma negociação que respeite os direitos e deveres de todos os parceiros sociais: os responsáveis das empresas, os representantes dos assalariados (por exemplo, organizações sindicais) e, eventualmente, os poderes públicos."
>
> CATECISMO DA IGREJA CATÓLICA, parágrafo 2430

"As pessoas devem considerar como verdadeiramente bom o que as conduza a seu destino e verdadeiramente mau o que dele as afaste. Prosperidade e adversidade, riqueza e pobreza, honras e humilhações, vida e morte, na mente do sábio nada disso deve ser buscado ou evitado apenas em si mesmo. Se, porém, elas contribuem para a glória de Deus e para sua felicidade eterna, são boas e devem ser buscadas. Se o afastam disso, são más e devem ser evitadas."

SÃO ROBERTO BELARMINO

"Os negócios desta vida não devem preocupar-nos com suas ansiedades e seus orgulhos, de maneira que deixemos de nos esforçar de todo o coração para sermos como nosso Redentor e seguir Seu exemplo."

SÃO LEÃO MAGNO

ALGO A SER TENTADO

Se você está passando por dificuldades nos negócios, apesar de seus melhores e mais honestos esforços, considere que elas podem ser um sinal do favor de Deus. Certo comerciante doou dinheiro a Santa Teresa de Ávila e pediu suas orações. Mais tarde, ela lhe disse: "Me foi revelado que seu nome está inscrito no Livro da Vida, e como sinal disso, nada no futuro irá prosperar para você." E isso logo se realizou; o homem faliu e foi condenado à prisão por dívidas, porém seus credores, conhecendo seu bom caráter, libertaram-no. Ele permaneceu pobre até a morte, porém considerou-se rico na graça de Deus.

São Francisco de Sales aconselha: "Quando você está ocupado com tarefas e negócios ordinários que não requerem sua atenção especial, pense mais em Deus do que neles; e se o negócio é suficientemente importante a ponto de necessitar de toda a sua atenção para fazê-lo bem, então de tempos em tempos olhe para Deus, assim como o marinheiro em sua viagem para casa olha com maior frequência para o céu do que para as ondas que o carregam. Assim Deus trabalhará com você, em você e para você e seus trabalhos serão seguidos de consolação." O santo bispo sugere ainda: "Seja muito cuidadoso e diligente em todos os negócios que caírem sob sua responsabilidade, pois Deus, que os atribuiu a você, gostaria de vê-lo benfeito. Porém, se possível, evite a preocupação excessiva, ou seja, não assuma seus trabalhos com inquietude, ansiedade e preocupação nem tampouco se apresse ou se agite com eles, pois toda a agitação atrapalha a razão e o juízo, e nos impede de fazer bem aquilo mesmo que nos preocupa." Assim, em todos os nossos trabalhos, devemos nos esforçar para fazer o melhor, em espírito de gratidão, humildade e confiança; se assim o fizermos, podemos estar seguros de contarmos com o favor de Deus, mesmo que deixemos de atingir os padrões mundanos de sucesso.

LEITURA ADICIONAL

Isaías 3,10; Salmo 90,17; Mateus 10,10.

Introdução à vida devota, de São Francisco de Sales.

***

Senhor,
estou tentando ganhar meu sustento no mundo,
mas não é fácil.
Há contas a pagar, problemas a resolver,
regras a seguir, pessoas a contentar,
e eu luto contra esses e outros desafios dia após dia.
Por vezes é tão difícil que não sei como agir.
Ajudai-me.

Pela intercessão de São José Operário,
e de todos os outros santos que trabalharam para viver,
por favor, ajudai-me.
Guiai-me, encorajai-me e ajudai-me a confiar
em Vosso cuidado cheio de amor.
Permiti-me encarar os desafios de cada dia
com confiança e integridade
e ajudai-me a lembrar sempre que a maneira de guardar
tesouros verdadeiros e duradouros
é ser honesto, generoso e cheio de fé.
Abençoai meus esforços; abençoai aqueles que trabalham comigo
e aqueles que confiam em mim.
Dai-me coragem e esperança e não me deixeis esquecer
que estais comigo em todas as situações.
Amém.

IV - DIFICULDADES NA CONCEPÇÃO E NA GRAVIDEZ

[Disse Jesus:] "Quando a mulher está para dar à luz, sofre porque veio a sua hora. Mas, depois que deu à luz a criança, já não se lembra da aflição, por causa da alegria que sente de haver nascido um homem no mundo." JOÃO 16,21

NO DIA 22 de janeiro de 1973, a Suprema Corte dos Estados Unidos derrubou todas as restrições federais e estaduais ao aborto, permitindo, na prática, o aborto, quando solicitado, em qualquer estágio da gravidez. Os resultados disso foram um desastre moral para nossa nação, introduzindo aquilo que o Papa São João Paulo II chamou de "cultura da morte". Desde a famigerada decisão da Suprema Corte, mais de trinta milhões de crianças foram assassinadas no útero, a vida de milhões de mulheres (vítimas elas mesmas, por sua vez) foram devastadas pelo sofrimento físico e emocional e uma cicatriz horrenda e indelével foi deixada na alma dos Estados Unidos.

Uma das razões alegadas para permitir o aborto é a de que frequentemente se trata de algo mais seguro do que o parto; mesmo se essa afirmação altamente questionável fosse verdadeira em um sentido físico, ela é falsa — desastrosamente falsa — de uma perspectiva espiritual e moral. A vida é um precioso dom de Deus, mesmo em casos de gravidez e nascimentos difíceis — e aquelas mulheres que confiam Nele em tais casos tornam-se uma fonte de bênçãos para si mesmas e para suas famílias.

De fato, muitas santas estiveram envolvidas em casos de partos difíceis. No ano de 203, Santa Felicidade, uma escrava em estado de gravidez avançada, foi presa por ser cristã, juntamente com Santa Perpétua, pertencente à nobreza, e quatro outros cristãos. Felicidade teve um parto complicado na prisão; ela deu à luz uma menina, felizmente adotada por outro cristão, pois Felicidade e seus companheiros foram executados pouco depois.

Um caso mais contemporâneo de maternidade heroica envolve a Beata Gianna Beretta Molla, uma italiana que esperava seu quarto filho em 1962. A alegria de sua gravidez foi despedaçada pelo diagnóstico de um tumor em seu útero. Contra as recomendações médicas, ela e seu marido recusaram uma operação que teria salvado sua vida à custa de seu filho por nascer. Eles tiveram uma filha, porém alguns dias mais tarde, Joanna faleceu devido às complicações.

Além do sofrimento físico associado a uma gravidez difícil e ao parto, alguns pais enfrentam dificuldades emocionais. A mentalidade contraceptiva que tomou conta de nossa sociedade encara a gravidez como um problema, e tal atitude negativa é frequentemente uma causa de sofrimento para diversos casais que possuem muitos filhos. De fato, alguns pais, com até mesmo três filhos, chegam a ser vítimas de comentários sarcásticos de vizinhos, companheiros de trabalho e mesmo de amigos e familiares que adotaram a visão moderna de que filhos são um problema.

No entanto, as Escrituras estão repletas de referências que mostram as crianças como uma bênção de Deus. Filhos são comparados às oliveiras — ou seja, a um valioso dom da vida — ao redor da mesa do homem justo (Salmo 128,3). Incidentes de casais sem filhos, sendo inesperadamente abençoados com filhos, encontram-se com frequência na história da salvação. Quando o Senhor visitou Abraão, Ele lhe prometeu um filho dentro de um ano (Gênesis 18,10) apesar de ele e de sua esposa, Sara, serem já muito velhos.

Tal filho era Isaac, por meio de quem o Senhor cumpriu Sua promessa de fazer de Abraão o pai de uma grande nação. Isaac recebeu a bênção da paternidade após rezar por sua esposa estéril, Rebeca (Gênesis 25,21). A gravidez de Rebeca foi difícil, pois os gêmeos em seu ventre — Esaú e Jacó — lutavam um com o outro em uma antecipação da intensa rivalidade que viriam a ter mais tarde.

Século depois, um casal sem filhos chamado Elcana e Ana rezaram pedindo um filho, e Deus atendeu a seu pedido; seu filho, Samuel, tornou-se um grande profeta. Isabel e Zacarias esperaram muito por um filho e foram recompensados por sua paciência em oração quando tornaram-se pais de outro grande profeta: São João Batista. Santa Ana e São Joaquim também haviam passado muitos anos sem filhos antes de serem abençoados com uma filha, a Bem-aventurada Virgem Maria.

Nem todas as orações pelas alegrias da paternidade são atendidas. Alguns casais permanecem inférteis; outros experimentam a tragédia de um aborto espontâneo ou da morte de um filho; outros ainda passam pela provação de ver seus filhos morrerem espiritualmente ao rejeitar Deus na vida adulta. Ninguém tem o *direito* de ter filhos, e isso é uma verdade dura; todos os seres humanos, incluindo as crianças, pertencem em última instância a Deus; seus pais são apenas administradores em Seu nome. Somente Deus possui a autoridade de conferir a vida, mesmo quando isso significa que alguns casais amorosos e aparentemente merecedores permaneçam sem filhos.

Se você e seu cônjuge desejam ter filhos, é possível, após orar pedindo a orientação de Deus, buscar ajuda médica (contanto que utilizem meios moralmente aprovados) ou empregar técnicas como o Planejamento Familiar Natural para auxiliá-los em seus esforços para conceber. No entanto, caso se torne aparente que o plano de Deus para vocês é o de não ter seus próprios filhos, é preciso esforçar-se ao máximo para aceitar e obedecer em espírito de confiança. Em tais casos, a adoção pode ser uma alternativa prática e nobre.

A Igreja ensina que a vida humana começa na concepção e que cada criança ainda não nascida possui uma alma criada pelo próprio Deus. Um anjo da guarda é designado para cada ser não nascido e há santos para os quais uma mãe grávida pode se voltar para pedir ajuda e dirigir orações. Os santos padroeiros das mulheres em trabalho de parto são Santa Ana, a mãe da Bem-aventurada

Virgem Maria e a virgem e mártir Santa Margarida. O irmão leigo redentorista São Gerardo Majella é considerado o patrono dos partos. As mulheres preparando-se para dar à luz, particularmente aquelas passando por uma gravidez complicada, podem também, caso já tenham escolhido o nome da criança, rezar para o santo padroeiro de seu filho. Casais sem filhos podem também voltar-se para os santos e pedir sua intercessão, particularmente Santa Ana e São Joaquim, Santa Isabel e São Zacarias, bem como para outros que esperaram e oraram por filhos durante muitos anos.

PARA REFLETIR

> "Faça uma oferta frequente da pequena criatura à glória eterna de nosso Criador, já que você foi escolhida para cooperar com Ele na formação de seu filho. Tome, porém, os maiores cuidados com sua saúde: não se esforce em demasia, nem se force por hora a rezar. Você deve tratar a si própria com o maior cuidado."
>
> SÃO FRANCISCO DE SALES (em uma carta a uma mãe)

> "A sociedade está sofrendo gravemente devido à falta de mães verdadeiramente cristãs. Uma vez que a sociedade está baseada na família, sua forma e destino repousam em larga medida nas mãos das mulheres. Caso elas recebessem uma educação cristã rigorosa e bem assentada nos princípios cristãos, a sociedade como um todo iria se erguer, regenerada, em uma nova vida."
>
> BEATO PLACIDIO RICCARDI

> Uma mãe com dois filhos bem-comportados e adoráveis foi visitada por uma amiga. Após as crianças lhe darem as boas-vindas e, em seguida, pedirem educadamente licença para sair de casa e brincar, a amiga exclamou: "Eu daria minha vida

para ter duas crianças tão maravilhosas!" A mãe respondeu em tom de voz suave, porém sério: "Esse é exatamente o preço." A maior parte das mães não morreu ao dar à luz seus filhos, mas elas abrem mão de suas vidas por eles no sentido de deixar de lado suas próprias aspirações e atividades, estando sempre prontas para responder às necessidades dos filhos, e sempre dispostas a ensinar-lhes, discipliná-los e amá-los. Nossa sociedade nunca será sadia ou completa até estar inteiramente disposta a reconhecer, encorajar e honrar tão nobre sacrifício.

ALGO A SER TENTADO

Mães grávidas possuem a obrigação moral de dar os passos razoáveis para assegurar a saúde e a segurança de seus filhos não nascidos, incluindo aí evitar atividades e substâncias perigosas, consultar seu médico ou outros profissionais de saúde necessários. Além dessas preparações físicas óbvias para o parto, deve haver também uma preparação espiritual. Busque a intercessão de Santa Ana, de São Gerardo Majella e de outros santos. Reze também para os padroeiros de seu filho e convide seus familiares a tomar parte em tais orações. Peça a amigos, paroquianos e familiares (crianças em particular) para rezarem por seu bebê. Essas pessoas podem muito bem sentir-se honradas ao tomar parte desse modo na chegada de uma nova vida e você receberá força e apoio. Finalmente, peça aos parentes e amigos para participarem de um "chá espiritual de bebê", trazendo não apenas os presentes tradicionais, mas também promessas de oferecer orações específicas para você e para seu bebê. Tal chá de bebê pode também incluir um Terço ou uma simples oração; convide o seu padre para ofertar uma bênção e uma oração por um parto bem-sucedido.

A Ordem das Clarissas nos Estados Unidos foi fundada pela Venerável Madre Maria Madalena Bentivoglio, e ela e suas irmãs tiveram a boa sorte de contar com um rico benfeitor chamado sr. Creighton. Em certa ocasião, ele pediu às irmãs para que rezassem por um casal de amigos sem filhos, e Madre Maria Madalena e as outras irmãs responderam com entusiasmo. Algum tempo depois, o sr. Creighton recebeu de seus amigos um telegrama que dizia: "Nasceram gêmeos! Diga para as Clarissas pararem de orar." As orações podem, de fato, ser muito poderosas. Se você e seu cônjuge estão tendo dificuldades para conceber, peçam a Deus a bênção de um filho e peçam a outros para rezar por essa intenção. Métodos tais como o Planejamento Familiar Natural também podem ajudar os casais a descobrir quando é mais provável que a concepção aconteça. A sua paróquia deve ser capaz de oferecer-lhe informações sobre o Planejamento Familiar Natural.

LEITURA ADICIONAL

Apocalipse 12,1-2.5; Mateus 18,10; Marcos 10,13-16.

***

Bênção para uma mãe antes do parto

Deus de amor,
Vosso amor por nós é como o de uma mãe
e conheceis a dura alegria de um parto.
Segurai agora a mão de Vossa serva [nome da mãe] e protegei-a;
colocai Vosso próprio espírito em sua respiração e no novo bebê,
que aguardamos com reverência e amor.
Isso o pedimos por Cristo, Nosso Senhor.
Amém.

Oração de uma mãe

Senhor Deus,
que nos criastes do nada e nos redimistes
pelo precioso sangue de Vosso Filho,
preservai a obra de Vossas mãos
e defendei a mim e ao tenro fruto de meu ventre
de todo o mal e de todo o perigo.
Eu Vos rogo que me concedais Vossa graça e Vossa proteção
bem como um parto feliz.
Santificai meu filho e fazei desta criança para sempre Vossa.
Concedei isso por Jesus Cristo, Nosso Senhor.
Amém.

DE *CATHOLIC HOUSEHOLD BLESSINGS AND PRAYERS*
[Família católica — bênçãos e orações]

V - PREOCUPAÇÃO COM OS ENTES QUERIDOS QUE JÁ PARTIRAM

[Judas Macabeu] fez uma coleta [...] para que se oferecesse um sacrifício pelos pecados: belo e santo modo de agir, decorrente de sua crença na ressurreição, porque, se ele não julgasse que os mortos ressuscitariam, teria sido vão e supérfluo rezar por eles. 2 MACABEUS 12,43-44

QUANDO PERDE-SE PESSOAS queridas, muitos sentem, além da dor e da solidão, uma preocupação por seu estado, especialmente pelo estado daquelas que não foram as mais santas pessoas em vida, ou ainda por aquelas que morreram subitamente, sem assistência. Os que ficaram perguntam-se o que terá acontecido a tais almas.

A Igreja sempre ensinou a existência do Purgatório, um lugar ou estado de existência após a morte, onde, se necessário, somos purificados de quaisquer efeitos remanescentes de nossos pecados e preparados para entrar no Céu. Ademais, atestam as Escrituras, nossas orações e sacrifícios podem ser de imensa ajuda espiritual para as pessoas que atravessam tal processo de purificação; nós podemos orar por pessoas específicas, tais como nossos entes queridos que faleceram, ou pelas almas do Purgatório em geral.

O ensinamento da Igreja sobre o Purgatório é lógico. Sabemos que Deus é perfeito, que nada de imperfeito pode entrar em Sua presença, que nossos pecados ferem e desfiguram nosso caráter, que tais ferimentos podem ser curados em parte ou no todo por nossas boas ações e atos de amor na terra, que nem todos que amam a Deus completam esse processo durante suas vidas e que, porque Deus nos ama e quer que estejamos com Ele no Céu, deve haver algum tipo de oportunidade para completar esse processo de cura — ou de purgação de nossos pecados — após a morte, caso necessário.

Esse processo de purificação é o que chamamos Purgatório. Os Santos acreditavam sem reservas em tal realidade. Eles mesmos, devido a seu imenso amor por Deus, estavam prontos para entrar no Céu de imediato após a morte, mas se preocupavam com aqueles que não gozavam de tal sorte, afinal, esse é um dos sinais do amor verdadeiro: apiedar-se dos necessitados, não importando se tais necessidades são físicas ou espirituais.

Santa Isabel de Portugal, que reinou naquele país no início do século XIV, possuía uma filha muito amada chamada Constança. A jovem princesa morreu subitamente após casar-se, causando imensa dor a Isabel e a seu marido, o rei Dom Dinis. Pouco depois, um eremita procurou a rainha com uma história chocante: enquanto rezava, Constança apareceu-lhe implorando para que ele levasse uma mensagem a sua mãe. Segundo ele, Constança estava sofrendo muito no Purgatório e permaneceria lá por muito tempo, a menos que uma missa diária fosse oferecida por ela durante um ano. Os cortesãos ridicularizaram o eremita, chamando-o de tolo e impostor, mas Isabel pesou tais palavras com cuidado. Em seguida, ela perguntou a Dom Dinis o que ele pensava. O rei respondeu: "Creio que é sábio fazer o que lhe foi indicado de maneira tão extraordinária. Afinal, mandar que se celebrem missas por nossos parentes mortos nada mais é do que nosso dever paterno e cristão." Isabel aceitou tal conselho e tomou providências para que as missas fossem celebradas por um padre santo. Um ano mais tarde, sua filha apareceu perante ela, vestida em uma brilhante túnica branca, e disse: "Hoje, querida mãe, estou livre das dores do Purgatório e prestes a entrar no Céu." Santa Isabel agradeceu a Deus e exprimiu sua gratidão distribuindo esmolas aos pobres.

Muitos santos (além de outros místicos e visionários) supostamente viram o Purgatório (e também o Céu e o Inferno). Santa Francisca Romana recebeu tal visão; segundo ela, o Purgatório possui três níveis. O nível inferior é como um vasto mar ardente, onde as pessoas experimentam diversos sofrimentos relacionados aos pecados que cometeram na terra. O nível intermediário é menos rigoroso, porém ainda desagradável. O nível superior é povoado por aqueles mais próximos de serem libertados. Essas pessoas sofrem sobretudo a dor da perda, a ânsia por Deus e por ainda não possuí-Lo verdadeiramente.

Há consolo nos três níveis, mas especialmente no superior. As almas no Purgatório sabem que, mais cedo ou mais tarde, elas estarão com Deus no Céu e que todos os seus sofrimentos presentes são valiosos e redentores. Outros santos e visionários confirmam tal descrição, acrescentando que nossas orações e sacrifícios — pois dados de graça — são de imensa ajuda para aqueles no Purgatório, já que Deus dá enorme valor a cada um de nossos sacrifícios ofertados gratuitamente, não importando quão pequenos sejam. Alguns místicos supostamente ficaram sabendo que quando rezamos por pessoas específicas que estão no Purgatório, elas nos veem naquele instante e se fortalecem por saber que nos recordamos delas.

É dito que muitos santos tiveram experiências que confirmam os ensinamentos da Igreja sobre o Purgatório. Por exemplo, São Luís Bertrand, um padre do século XVII, ofereceu missas, orações e sacrifícios por seu falecido pai até receber uma visão de sua entrada no Céu. Isso aconteceu apenas após oito anos de orações de sua parte. No século XII, o famoso bispo irlandês São Malaquias soube que sua irmã estava destinada a sofrer por muito tempo no Purgatório, pois ela havia vivido de modo excessivamente pecaminoso antes de se arrepender; suas orações diminuíram os sofrimentos dela, mas não encurtaram significativamente seu tempo de permanência lá. No século XV, a irmã de São Vicente Ferrer apareceu para ele no momento em que entrava no Céu e lhe revelou que, não fossem as muitas missas que ele havia oferecido por sua alma, seu tempo no Purgatório teria sido muito mais longo.

Sobre o assunto, conta-se uma história de Santa Teresa de Ávila. Um padre que ela conhecia tinha acabado de morrer, e Deus revelou à santa que ele permaneceria no Purgatório até que uma missa fosse rezada por ele na capela de um novo convento carmelita que estava para ser construído. Teresa correu até o local e fez com que os operários começassem a erguer as paredes da capela de imediato, mas como isso ainda demoraria demais, ela obteve permissão do bispo para que uma capela temporária fosse construída. Feito isso, uma missa foi celebrada no local e, ao receber a comunhão, Teresa teve uma visão do padre agradecendo-a antes de entrar no Reino de Deus.

Demonstrar preocupação pelos mortos e pelos moribundos é um grande sinal de amor. O Beato Raimundo de Cápua, o biógrafo de Santa Catarina de Sena, escreveu que ela cuidou de seu pai, Jacomo, durante suas horas finais. Sabendo, por meio de uma revelação, que este homem santo ainda assim iria necessitar de purificação no Purgatório, Catarina implorou a Deus para sofrer as dores da purificação em lugar do pai, de modo que ele pudesse entrar no Céu de imediato. Deus atendeu a súplica e Jacomo, que até então estivera sofrendo muito, teve uma morte feliz e pacífica, enquanto Catarina foi tomada por violentas dores que permaneceram com ela pelo resto da vida. Raimundo testemunhou o sofrimento da santa, mas também observou sua incrível paciência e tolerância, bem como a grande alegria que sentia pelo pai.

Um incidente da vida do sacerdote italiano São Pio de Petrelcina indica que as almas no Purgatório podem pedir nossas orações. Um dia na década de 1920, ele estava rezando no coro da igreja quando ouviu um som estranho vindo de um dos altares laterais da capela. Seguiu-se então um estrondo de candelabros caindo do altar principal. Padre Pio viu uma figura que ele pensou ser um jovem frade. No entanto, a figura disse a ele: "Estou fazendo meu Purgatório aqui. Fui um estudante neste convento, então agora tenho que compensar os erros que cometi enquanto estive aqui, devido à minha falta de diligência ao realizar meus deveres nesta igreja." A figura disse que estava no Purgatório havia sessenta anos e, após pedir as orações do Padre Pio, desapareceu. Diz-se que muitas outras almas no Purgatório pediram sua ajuda, incluindo quatro frades falecidos sentados ao redor da lareira em estado de grande sofrimento; Padre Pio passou a noite em oração, garantindo que fossem libertos.

Outros santos também relataram experiências semelhantes, incluindo Santo Odilo, o abade do século XI que deu início à prática de oferecer missas por todas as almas no Purgatório, no que é hoje conhecido como Dia de Finados, o dia seguinte à Solenidade de Todos os Santos.

Nossas orações para aqueles que lá sofrem podem ser importantes para eles e para nós, enquanto a negligência desse importante ato de caridade seria uma grave falha espiritual de nossa parte. Porque os santos acreditavam tanto no pecado quanto na redenção, na misericórdia e na justiça, eles também admitiam a existência do Purgatório e fizeram todo o possível para proporcionar alívio àqueles que lá passavam pela purificação.

Como os santos estavam muito mais familiarizados com a Providência Divina do que qualquer um de nós pode honestamente alegar que está, nós faríamos muito bem em seguir o seu exemplo.

PARA REFLETIR

> "Os que morrem na graça e na amizade de Deus, mas não de todo purificados, embora seguros da sua salvação eterna, sofrem depois da morte uma purificação, a fim de obterem a santidade necessária para entrar na alegria do céu."
>
> CATECISMO DA IGREJA CATÓLICA, parágrafo 1030

> "Não pode ser objeto de dúvida o fato de que as orações da Igreja, o Santo Sacrifício e as esmola distribuídas pelos defuntos aliviam aquelas almas santas e fazem com que Deus as trate com maior clemência do que merecem seus pecados.

Trata-se de prática universal da Igreja, uma prática que ela observa tendo-a recebido de seus antepassados, ou seja, dos Santos Apóstolos."

SANTO AGOSTINHO

"Muitos [Doutores da Igreja] afirmam, com grande probabilidade, que devemos acreditar que Deus revela nossas orações para aquelas santas almas de modo que elas possam rezar por nós. As almas no Purgatório, sendo amadas por Deus e confirmadas na Graça, não possuem em absoluto qualquer obstáculo que possa impedi-las de rezarem por nós. Se desejamos a ajuda de suas orações, é justo que nos lembremos de ajudá-las com nossas próprias orações e boas ações."

SANTO AFONSO DE LIGÓRIO

ALGO A SER TENTADO

Reflitam sobre esta passagem dos escritos de São Francisco de Sales: "Assistir às almas no Purgatório é realizar a mais excelente das obras de misericórdia, ou antes é praticar da maneira mais sublime todas as obras de misericórdia juntas: é visitar aos enfermos, dar de beber aos sedentos pela visão de Deus, alimentar os famintos, resgatar os prisioneiros, vestir aos desnudos, buscar para os pobres exilados a hospitalidade da Jerusalém Celeste, é confortar os aflitos, instruir os ignorantes — em suma, é praticar todas as obras de misericórdia em uma." Considere o que você pode fazer por aqueles que morreram: oferecer sacrifícios pelas almas no Purgatório, pedir que Missas sejam rezadas por eles, orar por seus entes queridos que faleceram etc.

Além de rezar por aqueles que se encontram no Purgatório, pense em como evitar experimentá-lo. Afinal, pode ser presunçoso — ou ao menos injustificadamente otimista — partir do princípio de que entraremos imediatamente no Céu assim que morrermos. Em seu opúsculo de 1936 intitulado *How to Avoid Purgatory* [Como evitar o Purgatório], o Padre Paul O'Sullivan oferece as seguintes sugestões:

- Abandonem seus pecados o máximo que puderem.
- Façam penitência pelos pecados que cometeram.
- Ofereçam seus sofrimentos como sacrifício.
- Frequentem regularmente a missa e recebam os sacramentos.
- Roguem a Deus pela graça de evitar o Purgatório.
- Pratiquem a santa resignação (ou seja, aceitem com confiança a vontade de Deus em todas as coisas, especialmente com relação ao momento e às circunstâncias de sua morte).
- Se e quando apropriado, recebam o sacramento da Extrema-unção.

Seu próprio amor pelas almas no Purgatório — expresso por suas orações e sacrifícios por elas — é recebido de forma muito favorável por Deus. Caso se encontrem no Purgatório após a morte, aqueles que vocês ajudaram anteriormente a de lá sair não deixarão de orar por vocês até que se juntem a eles no Reino de Deus. Como São João Maria Vianney afirmou: "Devemos rezar por eles, para que eles rezem por nós."

LEITURAS ADICIONAIS

Mateus 18,34; Lucas 12,58-59; 1 Coríntios 3,12-15.

Via della salute [Caminho da salvação],
de Santo Afonso de Ligório.

***

Pai eterno,
Eu Vos ofereço o precioso sangue
de Vosso Divino Filho, Jesus,
em união com todas as missas rezadas hoje no mundo
por todas as santas almas no Purgatório
e pelos pecadores de todas as partes —
pelos pecadores da Igreja universal,
por aqueles em meu próprio lar
e por aqueles em minha família.
Amém.

SANTA GERTRUDES

(Conta-se que Jesus prometeu a Santa Gertrudes que, cada vez que essa oração fosse rezada, mil almas seriam libertadas do Purgatório e entrariam no Céu, e duzentos pecadores receberiam a graça do arrependimento. Como o sacrifício de Cristo é perfeito e infinito, não há limite para o número de vezes que ele pode ser oferecido ao Pai. Portanto, essa oração pode ser eficaz todas as vezes que for feita.)

VI - DEPRESSÃO

Ao extremo enfraquecido e alquebrado,
agitado o coração, lanço gritos lancinantes.
Senhor, diante de Vós estão todos os meus desejos,
e meu gemido não Vos é oculto.

SALMO 37,9-10

COM FREQUÊNCIA, A depressão pode ter um aspecto fisiológico, o que quer dizer que uma consulta médica será, na maioria das vezes, um bom ponto de partida para lidar com a situação e com os problemas a ela relacionados. Não devemos nos resignar ou tentar lidar sozinhos com a depressão severa e contínua, mas sim buscar ajuda profissional, geralmente após um médico haver descartado uma causa física ou química.

No entanto, quase todas as pessoas, ocasionalmente, sofrem de uma forma leve de depressão e, em tais situações, as experiências de alguns santos podem ser capazes de nos ajudar e encorajar.

É possível que um santo — alguém que provou as maravilhas e riquezas do amor divino de forma muito mais profunda que o resto de nós — pudesse ter sido perturbado por um espírito melancólico e inquieto? Certamente. Por exemplo, Santa Flora de Beaulieu, uma virgem do século XIV, após uma infância normal, recusou-se a cooperar com os esforços de seus pais para encontrar-lhe um marido. Em vez disso, ela anunciou que se dedicaria a Deus e entrou em um convento.

Tal fato, no entanto — apesar de ser sua vocação — desencadeou um período intenso e prolongado de depressão, afetando seu comportamento de uma maneira que irritou intensamente as demais irmãs. Por fim, com a ajuda de um confessor compreensivo, Flora suportou esse período e realizou grandes progressos espirituais por causa dele.

Dois santos franceses do século XVII sofreram enormemente com a depressão, e por razões muito diferentes. O padre jesuíta São Noel Chabanel foi um dos mártires norte-americanos; ele trabalhou com os índios Huron juntamente com São Carlos Garnier. É frequente que missionários desenvolvam uma grande simpatia por aqueles para quem eles pregam, mas esse não foi o caso do Padre Noel, que sentia uma forte repugnância pelos índios e por seus costumes. Esse fato, combinado com a dificuldade de aprender sua língua e outros desafios, causou nele uma sensação duradoura de tristeza e de sufocamento espiritual. Como ele reagiu? Fazendo um voto solene de nunca desistir ou abandonar sua missão, voto que cumpriu até o dia de seu martírio.

Uma forma diferente de santidade heroica foi praticada por Santa Joana de Chantal. Por oito anos, ela manteve um casamento feliz com o barão de Chantal; quando seu marido morreu, seu sogro — um velho vaidoso e teimoso — forçou Joana e seus três filhos a que fossem viver com ele. Não é de surpreender que ela tenha ficado muito deprimida. O que talvez seja sim surpreendente (ao menos para nossa sociedade, em que as pessoas elevam as queixas e o status de "vítima" a uma verdadeira arte) é a forma como Joana respondeu: ela escolheu manter a alegria, respondendo à maldade de seu sogro com caridade e compreensão. Muito mais tarde, mesmo depois de formar uma calorosa e santa amizade com o grande bispo São Francisco de Sales e de trabalhar com ele para fundar uma ordem religiosa para mulheres mais velhas, Joana ainda experimentou períodos de sofrimento e de provação, mas ela continuou reagindo a eles mantendo-se alegre e ativa.

Manter-se ocupado também provou ser uma linha de socorro em meio aos mares da depressão para Santo Agostinho, uma das maiores figuras da Igreja e de toda a civilização ocidental. Sua mãe, Santa Mônica, mereceu, sem dúvida, enormes graças apenas por suportar as alterações de humor e a imprevisibilidade de seu brilhante filho. Agostinho buscava a verdade, mas em seus próprios termos e muitos anos se passaram antes que, assistido pelas inúmeras preces de sua mãe e pela admiração de Agostinho pelo grande bispo Santo Ambrósio, ele finalmente se rendesse a Deus e aceitasse o Batismo. Pouco depois, ele perdeu a mãe e o filho; durante os mais de quarenta anos que se seguiram, sua personalidade poderosa — santificada, porém não apagada pela graça Divina — manifestou-se com frequência em uma tendência a intensas cóleras e a severas depressões. Santo Agostinho rompeu tais grilhões por meio da oração, do sacrifício e do trabalho. De fato, suas responsabilidades como bispo e seus escritos em defesa da Igreja mantiveram-no muito ocupado.

Outra personalidade poderosa, e também dada a sentimentos de profunda inquietude e tristeza, foi a de Santo Inácio de Loyola. Em sua autobiografia (escrita na terceira pessoa), Inácio afirmou: "As coisas que viu fortaleceram-no no momento em que aconteceram e sempre lhe deram tamanha fortaleza em sua fé que ele pensou frequentemente consigo: se não houvesse Escrituras para ensinar-nos essas matérias de fé, ele estaria disposto a morrer por elas, apenas por conta do que viu." Esse senso de certeza e convicção não lhe veio com facilidade; após sua conversão à Fé, Inácio teve de lutar com um período de escrupulosidade (no qual ele foi tentado a desesperar de chegar algum dia a ser digno aos olhos de Deus), seguido de uma depressão tão severa que ele chegou a considerar o suicídio. Por certo, ele perseverou e Deus alçou-o para fora do poço escuro de sofrimento interior, por meio do que ele se viu preparado para realizar grandes coisas em nome de Cristo e de Sua Igreja.

Santo Inácio vivenciou aquilo a que ele iria se referir como *desolação* em seus *Exercícios espirituais*. Muito semelhante à depressão, a desolação é um estado em que nos sentimos inquietos, irritadiços, desconfortáveis e inseguros de nós mesmos e de nossas decisões, assaltados por dúvidas e incapazes de perseverar em nossas boas intenções. De acordo com Inácio, Deus não é capaz de causar a desolação, apesar de ser capaz de permiti-la para Seus propósitos, tais como recordar-nos da profunda necessidade que sentimos Dele ou para "sacudir" um pecador e levá-lo ao arrependimento. Sentimentos de desolação, nota Inácio, são frequentemente causados ou provocados pelo Maligno, especialmente após termos dado passos práticos para crescer em santidade ou para discernir e seguir a vontade de Deus. Baseado em parte em sua própria experiência, Santo Inácio de Loyola oferece três importantes conselhos para qualquer um que esteja passando por um período de desolação:

- *Não altere uma boa resolução anterior,* pois após tomar uma decisão agradável a Deus, o Demônio pode tentar fazer com que você tenha dúvidas a respeito dela.
- *Intensifique suas atividades religiosas,* ou seja, passe mais tempo orando, meditando e praticando boas ações.
- *Persevere na paciência,* pois a autoridade e a habilidade do Demônio para lhe atacar é estritamente limitada por Deus, o que significa que você será libertado de seus sofrimentos espirituais se aguentar por tempo suficiente.

Como Santo Inácio descobriu, a depressão pode ser um grande desafio espiritual, e também uma enorme oportunidade de crescimento. Quando sofrermos de depressão, devemos ter isso em mente e voltarmo-nos para os santos pedindo sua intercessão.

PARA REFLETIR

São Filipe Néri, conhecido por sua constante alegria, costumava rezar e pedir: "Permiti-me atravessar o dia de hoje, e não temerei o de amanhã."

"Refresquem-se com canções espirituais, que muitas vezes fizeram com que o Tentador cessasse com suas artimanhas; como no caso de Saul, cujo espírito maligno saiu dele quando David tocou sua harpa diante do rei (1 Samuel 6,23). Também

é útil estar ativamente empregado e com a maior variedade possível, a fim de afastar a mente da causa da tristeza."
SÃO FRANCISCO DE SALES

"Não sei qual será seu destino, mas de uma coisa estou certo: os únicos entre vocês que serão verdadeiramente felizes serão aqueles que buscarem e encontrarem uma maneira de servir."
ALBERT SCHWEITZER

ALGO A SER TENTADO

Mantenha as coisas em perspectiva. Como Santo Agostinho observa: "Todas as manhãs você veste suas roupas para cobrir sua nudez e para proteger o corpo das inclemências do tempo. Por que você também não cobre a alma com a vestimenta da fé? Lembre-se todas as manhãs das verdades do Credo e olhe-se no espelho da fé. De outra maneira, sua alma logo estará nua com a nudez do esquecimento." Em certo sentido, Agostinho está indicando a importância de começar o dia com uma oração. Se essa oração ajudar-nos a recordar que recebemos todas as coisas de nosso Pai amoroso, que também nos oferece uma eternidade de alegria e satisfação, será mais fácil combater a depressão e manter as coisas na perspectiva correta.

O simples fato de identificar o seu problema pode ajudá-lo a se sentir melhor. Faça uma lista de todas as coisas que lhe deprimem. Divida os itens em duas categorias: aquelas sobre as quais você pode fazer alguma coisa e aquelas sobre as quais não pode. Pegue essas últimas e coloque-as nas mãos de Deus; em seguida, pegue as primeiras e, começando pelas mais fáceis, faça alguma coisa!

Se você sofre de depressão severa e contínua, entre em contato com seu médico ou com os Centros de Atenção Psicossocial (CAPS).

LEITURA ADICIONAL

Provérbios 12,15; 15,15; Salmo 77,1-14.

Introdução à vida devota, de São Francisco de Sales.

***

Minhas forças me deixam;
sinto apenas fraqueza, irritação e depressão.
Sou tentado a reclamar e a me desesperar.
O que aconteceu com a coragem de que tanto me orgulhava
e que me fez tão confiante?
Além de minha dor, tenho de suportar a
vergonha de minha fraqueza irritadiça.
Senhor, destruí meu orgulho; deixai-o sem recursos.
Quão feliz serei se me ensinardes
por essas terríveis provações
que eu sou nada, e que Vós, tudo!

ARCEBISPO FRANÇOIS FENELON

VII - DESONESTIDADE

Pela prática sincera da caridade, cresçamos em todos os sentidos, naquele que é a cabeça, Cristo. [...] Por isso, renunciai à mentira. Fale cada um a seu próximo a verdade, pois somos membros uns dos outros. EFÉSIOS 4,15.25

CERTO DIA, SÃO João Câncio, o santo padre polonês do século XV, andava por uma estrada no campo quando foi parado por ladrões. Eles tomaram o dinheiro de sua bolsa e exigiram saber se o santo tinha mais. João disse que não, e os ladrões se foram. Logo depois, no entanto, João lembrou-se de que tinha algumas moedas costuradas em seu manto e correu atrás dos bandidos até alcançá-los. Desculpando-se por seu erro, entregou-lhes as outras moedas. Os ladrões ficaram tão assombrados por sua honestidade que lhe devolveram tudo o que haviam roubado dele.

Esse tipo de honestidade santa e absoluta demonstrada por São João Câncio nos parece muito surpreendente hoje em dia, talvez, em parte, porque nossa sociedade fez da honestidade algo relativo. "Foi só uma mentirinha"; "Eu não sonego tanto quanto os outros"; "Se eu tivesse dado à minha chefe minha opinião *sincera* sobre sua ideia, nunca teria conseguido a promoção e isso teria prejudicado minha família." O sétimo mandamento não diz: "Não roubarás *a menos que seja algo que queiras ou de que precises muito.*" O oitavo mandamento não diz: "Não levantarás falso testemunho *a menos que tenhas uma boa razão.*" Tais mandamentos exigem que sejamos honestos, pois, como filhos de Deus, devemos imitar nosso Pai, e nenhuma falsidade será jamais encontrada Nele.

As ações de João certamente ultrapassaram seu dever, pois se é verdade que devemos ser honestos, há certos limites para tanto. Por exemplo, não temos a obrigação moral de revelar informação a pessoas que não detém a autoridade legítima de pedi-la de nós. Além disso, enquanto a mentira aberta deva ser evitada, temos o direito de usar reservas mentais ao responder a questões injustas. Por exemplo, quando questionados por ladrões se temos dinheiro, podemos acrescentar à nossa resposta negativa a afirmação não dita: "Ao menos nenhum que eu queira lhe dar."

Santo Atanásio praticou esse tipo de "honestidade silenciosa", ou "logro santo", quando estava sendo perseguido num rio por inimigos que não o conheciam de vista. De seu barco, ele lhes deu as costas e, quando perguntado: "Você viu Atanásio, o bispo?", ele respondeu com sinceridade, "Faz pouco tempo que ele passou justamente por aqui, subindo o rio." Ao praticar o conselho de Nosso Senhor de que devemos ser prudentes como as serpentes e simples como pombas (Mateus 10,16), Atanásio conseguiu escapar.

As mentiras podem também, é claro, servir a propósitos egoístas. Antes de sua conversão, Santa Joana Delanoue preocupava-se bastante em enriquecer e pouco com o sofrimento dos pobres. Ela esperava de propósito até quase a hora do jantar para enviar sua sobrinha às compras para a refeição da noite; assim, se mendigos batessem à sua porta mais cedo, ela podia dizer-lhes com sinceridade: "Não temos comida em casa." Esse truque, em que a honestidade era transformada em uma servidora ilegítima da avareza, era bem conhecido pelos vizinhos e eles eram desedificados por sua avareza. Após a conversão de Joana, porém, eles se maravilharam com sua generosidade recém descoberta.[2]

Jesus elogiou a honestidade ao mesmo tempo em que encorajou aqueles que não conseguiam atingir tal ideal, como podemos ver na história de Zaqueu. Como o principal coletor de impostos de Jericó, Zaqueu era um homem muito rico, e a implicação é óbvia: ele havia adquirido a maior parte de sua riqueza enganando as pessoas e aceitando subornos de outros coletores de impostos

2 Ver o capítulo III, "Dificuldades nos negócios".

sob sua supervisão. É por isso que as pessoas murmuraram, chocadas e desaprovadoras, quando Jesus convidou-se à casa de Zaqueu, maneira suave e nada ameaçadora de incitar um reconhecido pecador a uma mudança de atitude. Este homem tão impopular respondeu com entusiasmo, dizendo: "Senhor, vou dar a metade dos meus bens aos pobres e, se tiver defraudado alguém, restituirei o quádruplo" (Lucas 19,8). Tratava-se de uma promessa e tanto, pois todos sabiam que a questão não era *se* Zaqueu havia defraudado alguém. Cumprir sua promessa exigiria a maior parte de sua fortuna, se não toda ela. A importância da honestidade e também do reconhecimento por Nosso Senhor da sinceridade de Zaqueu está demonstrada nas palavras de Jesus: "Hoje entrou a salvação nesta casa" (Lucas 19,9).

Foi entre coletores de impostos — homens universalmente tidos como gananciosos e desonestos — que Jesus escolheu um de Seus apóstolos (Marcos 2,14). Não temos como saber se São Mateus era pessoalmente desonesto, relativamente honesto ou de todo honesto antes de seu chamado, porém sua ávida resposta a Cristo e seus anos de serviços como apóstolo e evangelista indicam que, a partir do momento em que foi chamado, sua vida foi marcada pela integridade e pela honestidade.

A Igreja sempre valorizou a honestidade, pois a graça de Deus pode ser totalmente ativa somente no interior de pessoas que admitem com humilde e verdade precisar dela. É por essa razão, por exemplo, que, após sua conversão, Santo Inácio de Loyola preparou-se com muito cuidado antes de fazer sua confissão geral (na qual a pessoa confessa os pecados de toda a vida). Ele levou três dias lembrando-se de todos os seus pecados e anotando-os. Deus recompensou tal honestidade concedendo ao fundador dos Jesuítas uma profunda compreensão do funcionamento da alma humana, permitindo a Inácio tornar-se um dos gênios espirituais da história.

Honestidade não é apenas uma questão de dizer a verdade, mas também de tratar os outros com justiça, especialmente quando a vida de alguém está em jogo. Um dia, São Conrado de Piacenza, um nobre do século XIV, estava caçando e ordenou a seus homens que espantassem os animais ateando fogo a alguns arbustos. Infelizmente, um vento súbito levou as chamas a um campo de cultivo e de lá elas se espalharam para as vilas da vizinhança. Sem conseguir apagar o fogo, Conrado e seus acompanhantes voltaram para casa, com a intenção de nada dizer, porém um pobre homem recolhendo lenha ali por perto foi acusado pelo desastre e condenado à morte. Ao saber disso, Conrado foi tomado pelo remorso e admitiu publicamente sua responsabilidade. Ele foi condenado a pagar por todos os danos causados, o que consumiu virtualmente tudo o que possuía, mais o dote de sua esposa. Aceitando isso como um sinal de Deus, os dois doaram o restante de seus bens e, em seguida, entraram cada um na vida religiosa.

A honestidade exige um respeito adequado pela propriedade dos demais. Santo Eduardo, o Confessor, que se tornou rei da Inglaterra em 1042, foi informado que um certo imposto ainda estava sendo cobrado do povo, apesar de seu propósito original havia já há muito se extinguido. Olhando os cofres contendo o dinheiro coletado dessa maneira, o santo rei exclamou: "Em cada cofre vejo um negro demônio sentado e enfiando suas garras no ouro. Eles estão no comando aqui, não eu. Que o dinheiro seja distribuído aos pobres e deixem de cobrar esse imposto, assim livraremos nosso reino desses demônios." Em outra ocasião, o agudo senso de justiça de Santo Eduardo levou-o a ordenar a devolução do dinheiro que tinha sido coletado de todos os seus súditos, incluindo os pobres, como um presente para ele. Ele sabia que riquezas divinas não podem ser misturadas aos bens terrenos adquiridos de maneira injusta ou pouco caridosa.

Devemos aprender tal lição com o coração. A nossa sociedade é a mais rica da história, e, ao mesmo tempo, uma sociedade que carece de honestidade e de justiça. Somente se nós, como indivíduos e como nação, nos esforçarmos para sermos honestos conseguiremos experimentar, nas palavras de Jesus, a verdade que nos liberta (João 8,22).

PARA REFLETIR

"Deus não ouvirá nossas orações a menos que nos reconheçamos pecadores. Fazemos isso quando meditamos somente sobre nossos pecados, e não sobre os do próximo."
SÃO MOISÉS DA ETIÓPIA

"As pessoas verdadeiramente honestas
possuem uma expressão harmônica e agradável: nada de reprovável pode ser encontrado em suas ações, nada de impróprio em suas palavras, nada de indecente em seus modos. Espontânea e respeitosa, sua conduta conquista a admiração e a boa-vontade de todos."
SANTO ANTÔNIO DE PÁDUA

"Quem quer que administre seus negócios com artifícios e subterfúgios ofende a providência de Deus e torna-se indigno de Seu cuidado paternal."
SÃO VICENTE DE PAULA

ALGO A SER TENTADO

Como desenvolver a virtude da honestidade quando esta tem lhe faltado? Aristóteles diz: "Uma pessoa torna-se pedreiro somente ao empilhar tijolos e escultor somente ao manejar o cinzel; da mesma maneira, só se adquire uma virtude praticando-a." Isso quer dizer que a única forma de se tornar honesto é *sendo* honesto. Comece com você mesmo; admita seus erros. Em seguida, seja honesto com Deus; admita sua necessidade absoluta Dele. Depois, seja honesto com os outros; procure ativamente oportunidades de dizer a verdade quando isso vai contra seus interesses ou quando você normalmente mentiria. Recompense a si mesmo cada vez que disser a verdade, especialmente quando não for fácil fazê-lo.

No que diz respeito aos negócios e às transações financeiras, São Francisco de Sales nos oferece o seguinte conselho: "Seja sempre imparcial e justo em suas ações. Ponha-se no lugar do próximo e então você julgará com justiça. Quando comprar, aja como se fosse o vendedor, e quando vender, como se fosse o comprador. Assim, você comprará e venderá com justiça." Ocupar-se dos interesses do próximo em vez dos seus pode lhe parecer contraproducente; na realidade, porém, trata-se de uma maneira de liberar as bênçãos de Deus (pois o Senhor nunca fica para trás em generosidade), ao mesmo tempo que lhe trará uma paz interior que nenhum dinheiro pode comprar.

LEITURAS ADICIONAIS

Salmo 24,3-5; João 18,37.

Introdução à vida devota, de São Francisco de Sales.

***

Senhor Todo-poderoso,
Pai de Jesus Cristo, Nosso Senhor,
concedei-nos, nós Vos suplicamos,
estar assentados em Vossa verdade,
pela descida do Espírito Santo em nossos corações.
Revelai-nos o que não sabemos;
preenchei o que nos falta;
confirmai o que sabemos;
e mantende-nos impolutos em Vosso serviço
por meio de Jesus Cristo, Nosso Senhor.
Amém.

SÃO CLEMENTE DE ROMA

VIII - FALTA DE CONFIANÇA EM DEUS

Conservemo-nos firmemente apegados à nossa esperança, porque é fiel aquele cuja promessa aguardamos. HEBREUS 10,23

NO SERMÃO DA MONTANHA, Jesus fala de maneira bastante comovente sobre a necessidade de confiarmos no cuidado amoroso de nosso Pai:

> Não vos preocupeis por vossa vida, pelo que comereis, nem por vosso corpo, pelo que vestireis. A vida não é mais do que o alimento e o corpo não é mais que as vestes? Olhai as aves do céu: não semeiam nem ceifam, nem recolhem nos celeiros e vosso Pai celeste as alimenta. Não valeis vós muito mais que elas? Qual de vós, por mais que se esforce, pode acrescentar um só côvado à duração de sua vida? [...] Não vos aflijais, nem digais: 'Que comeremos?' 'Que beberemos?' 'Com que nos vestiremos?' São os pagãos que se preocupam com tudo isso. Ora, vosso Pai celeste sabe que necessitais de tudo isso. Buscai em primeiro lugar o Reino de Deus e a sua justiça e todas estas coisas vos serão dadas em acréscimo. MATEUS 6, 25-27.31-33

Deus mostrou-Se digno de nossa confiança e mostrar-nos dispostos a dar o passo de confiarmos Nele é parte essencial de nosso crescimento na santidade.

Nenhum de nós é capaz de salvar ou justificar a si mesmo; somos totalmente dependentes da misericórdia e da graça de Deus. Devemos confiar que Deus quer salvar-nos e que Ele nos dará os recursos de que necessitarmos para enfrentar os desafios da vida e alcançar nosso destino eterno. Os santos possuíam uma profunda consciência da presença de Deus em suas vidas, tão profunda que eles não procuravam confirmações miraculosas ou corriam atrás de maravilhas e sinais. Uma vez, durante o reinado de São Luís IX da França, durante uma missa rezada na capela do palácio, um milagre ocorreu durante a Consagração: Jesus apareceu de forma visível no altar, sob a forma de uma bela criança. Todos olharam para ele, em um deslumbramento maravilhado e contemplativo, reconhecendo o milagre como prova da Presença Real. Algumas pessoas correram para avisar o rei, que estava ausente, de modo que ele pudesse vir e testemunhar o acontecimento. Luís, porém, recusou-se e explicou: "Eu já acredito que Cristo está realmente presente na Santa Eucaristia. Ele o disse, e isso basta; não desejo perder o mérito de minha fé indo ver tal milagre."

Deus satisfaz nossas necessidades espirituais, tal como o prometeu. Ele também provê nossas necessidades físicas, desde que coloquemos nossa fé Nele. São João da Cruz, ao ser informado pelo cozinheiro de seu mosteiro de que não havia comida para o dia seguinte, respondeu: "Deixe para Deus a preocupação de prover a comida, amanhã ainda está muito longe. Ele saberá muito bem como tomar conta de nós." Na manhã seguinte, ainda não havia comida, até que um rico benfeitor bateu à porta. Ele explicou ter sonhado na noite anterior que os monges poderiam estar passando necessidade e que por isso havia trazido comida e suprimentos suficientes para mantê-los, casos aquilo fosse verdade.

Outro santos tiveram experiências parecidas. No começo do século XIX, a Beata Ana Maria de Javohuey fundou uma congregação religiosa, passando por cima da tenaz objeção de seu pai. Ela e as outras irmãs estavam administrando um orfanato quando, um dia, ficaram sem dinheiro para comprar comida. Ana Maria foi à igreja rezar: "Preciso de ajuda. Sei que fui imprudente, e talvez tenha ultrapassado a Vossa vontade de muitas maneiras, mas fiz isso pelas crianças. Elas são mais Vossas do que minhas. Se errei, castigai a mim, não a elas. Eu Vos rogo, não as abandoneis. Por favor, por favor, ajudai." Ana Maria ouviu então a voz do Senhor com clareza:

"Por que vieste a mim para expor tuas dúvidas? Alguma vez te desapontei? Volta às crianças." Ana Maria voltou ao orfanato esperando um milagre. Confiante, ela foi até a despensa e abriu a porta, apenas para dar-se conta de que as prateleiras continuavam vazias. Teria entendido mal? Então, ela ouviu o ruído de rodas sobre pedras do pátio. Com uma carroça cheia de comida, lá estava seu pai, que disse: "Não sei por que estou fazendo isso, mas acho que não posso deixar que vocês morram de fome." Ana Maria deu-se conta de que Deus não apenas tinha testado sua fé, mas que também havia confirmado o cuidado amoroso que tinha por ela, pois, de fato, fazer com que seu relutante pai trouxesse ajuda para todos os órfãos e irmãs havia, talvez, sido um milagre maior do que se Ele tivesse enchido as prateleiras da despensa com comida criada do nada.

São João Bosco espantava a muitos ao conseguir cuidar de um grande número de órfãos e de outros rapazes aparentemente sem recursos suficientes. Cada vez que seus assistentes lhe diziam que problemas financeiros severos não podiam mais ser adiados, ele lhes garantia: "Deus proverá", e, em cada caso, ele estava certo.

Outra famosa italiana, Santa Francisca Cabrini, demonstrou essa mesma confiança infantil durante seu longo ministério nos Estados Unidos. Ela e as irmãs de sua ordem religiosa encontraram muitas dificuldades em seus trabalhos em favor dos imigrantes italianos pobres, mas, ainda assim, conseguiram criar muitas escolas, hospitais e orfanatos, e recrutar pessoal para eles. Sempre que surgia um problema, Madre Cabrini perguntava: "Quem está fazendo isso, nós ou o Senhor?"

Confiar em Deus significa acreditar em Seu cuidado por nós até mesmo quando o Demônio parece estar levando a melhor, uma questão entendida pelo abade Santo Estêvão de Rieti, do século VI. Quando um homem mau incendiou o celeiro em que todos os grãos do mosteiro eram estocados, os monges exclamaram a Santo Estêvão: "Sentimos pelo que aconteceu contigo!" O abade respondeu: "Não, em lugar disso digam 'Sentimos pelo que aconteceu com aquele que cometeu tal ato', pois nenhum mal me aconteceu." Como sabia Estêvão, o cuidado providencial de Deus é muito superior a qualquer traição humana.

De acordo com Santo Alberto Magno: "Quanto maior e mais persistente for sua confiança em Deus, mais abundantemente receberá o que pedir." Tal ponto é ecoado por Santa Teresa de Ávila, que nos tranquiliza: "Deus é cheio de compaixão e nunca falha aos aflitos e aos desprezados, se confiam somente Nele."

Se, de fato, estamos tentando realizar a obra de Deus, em lugar da nossa, não devemos temer os resultados. O Senhor é especialista em resolver problemas e em prover-nos em nossas necessidades (até o ponto de realizar milagres, se necessário). O que Ele não pode fazer, no entanto, é forçar-nos a confiar Nele. Se escolhemos livremente fazê-lo, estamos cooperando com Sua graça e é certo que os resultados serão maravilhosos e incríveis.

PARA REFLETIR

> "Não tenha medo do amanhã. O mesmo pai amoroso que cuida de você hoje, cuidará amanhã e em todos os outros dias. Ele o protegerá do sofrimento, ou lhe dará a firme coragem para suportá-lo. Esteja em paz e deixe de lado toda a imaginação e todos os pensamentos ansiosos."
>
> SÃO FRANCISCO DE SALES

> "Alguns poucos atos de confiança e amor valem mais do que mil 'Quem sabe? Quem sabe?'. O Céu está repleto de todo tipo de pecadores arrependidos e há espaço para mais."
>
> SÃO JOSÉ CAFASSO

> "Aqueles cujos corações estão dilatados pela confiança em Deus correm velozes no caminho da perfeição. Não apenas correm, voam, pois, tendo colocado toda sua esperança no

Senhor, eles não são fracos como antes. Eles se tornam fortes com o poder de Deus, que é concedido a todos que colocam sua confiança Nele."

SANTO AFONSO DE LIGÓRIO

ALGO A SER TENTADO

Santa Rosa de Lima tinha medo da escuridão, algo que herdou de sua mãe. Um dia, seus pais saíram a procurá-la quando já estava escuro. Isso afetou Rosa, que pensou: "Como é possível? Minha mãe, que é tão tímida quanto eu, sente-se segura na companhia de seu marido, enquanto eu tenho medo, mesmo acompanhada de meu Esposo, que, sem jamais me abandonar, está continuamente ao meu lado e no meu coração." A partir daquele momento, Santa Rosa não teve medo de mais nada. Você pode se beneficiar da experiência dela ao recordar-se constantemente que Jesus está com você, o que quer dizer que não há nada a temer.

Confie em Deus mesmo quando as coisas pareçam mais sombrias. Uma madre-superiora muito irritada uma vez dirigiu-se a São José Cottolengo, que lhe perguntou: "Qual é o problema, irmã?" Ela respondeu: "Tenho tantas coisas para comprar, padre, e tão pouco dinheiro." São José concordou que, de fato, era pouco; ele então pegou o dinheiro e jogou-o pela janela, consolando a estarrecida freira: "Está tudo bem, agora o dinheiro foi plantado. Espere algumas horas e ele dará fruto." Mais tarde, no mesmo dia, uma mulher veio ver o santo e fez uma enorme doação em dinheiro, mais do que suficiente para atender as necessidades da comunidade. Não se espera que você jogue dinheiro fora (mas espera-se, sim, que seja generoso com os necessitados). O que o Senhor pede, no entanto, é confiança no cuidado que Ele tem por você. Às vezes, parece não haver opções, mas — como São José Cottolengo — você sempre pode escolher confiar em Deus, e isso permite que Ele o ajude, frequentemente de maneiras que você não pode prever.

LEITURA ADICIONAL

Salmo 25,1-3; 37,3; Lucas 16,10; 1 Coríntios 13,7.

A prática do amor a Jesus Cristo, de Santo Afonso de Ligório;
Imitação de Cristo, de Tomás de Kempis.

***

Cristo Jesus,
quando tudo são trevas
e sentimos nossa fraqueza e desamparo,
dai-nos a sensação de Vossa presença,
Vosso amor e Vossa fortaleza.
Ajudai-nos a possuir a confiança perfeita
em Vosso amor que protege
e em Vosso poder que fortalece,
para que nada possa nos atemorizar ou preocupar;
para que, vivendo perto de Vós,
possamos ver Vossa mão, Vosso propósito
e Vossa vontade em todas as coisas.

SANTO INÁCIO DE LOYOLA

IX - INVEJA

Se tendes no coração um ciúme amargo e gosto pelas contendas, não vos glorieis, nem mintais contra a verdade. Esta não é a sabedoria que vem do alto, mas é uma sabedoria terrena, humana, diabólica. Onde houver ciúme e contenda, ali há também perturbação e toda espécie de vícios. TIAGO 3,14-16

DEUS CRIOU-NOS PARA viver num estado de perfeita ordem e santidade, ou seja, para que nossos desejos estejam em perfeita harmonia com a verdade; desejaríamos apenas aquelas coisas que realmente necessitássemos, e somente à medida em que fossem boas para nós. O Pecado Original, no entanto, alterou tal equilíbrio, e um de seus efeitos foi o de introduzir um novo motivo para desejarmos as coisas: a inveja. Agora, em nosso estado pecaminoso, frequentemente queremos algo, não porque realmente temos necessidade daquilo, mas porque vemos que alguém o possui. A inveja pode conduzir a um grande número de outras transgressões morais — roubo, calúnia, ciúme, difamação e até mesmo ao homicídio — e, por isso, é considerada um dos *sete pecados capitais.*[3]

Diversos santos lutaram com a inveja antes de suas conversões ou antes de realizarem progressos importantes no caminho da santidade. Precisamos apenas olhar para os Evangelhos para encontrarmos diversos exemplos. Jesus visitou a casa de Santa Marta e Santa Maria, as irmãs de Lázaro. Marta, sempre a anfitriã cuidadosa, estava ocupada na cozinha. Quando, porém, Maria deixou de ajudá-la para sentar-se com Jesus, Marta queixou-se. Podemos ouvir um toque de inveja em suas palavras: "Senhor, não te importas que minha irmã me deixe só a servir?" (Lucas 10,40). Marta

3 Os sete pecados capitais são a soberba, a avareza, a inveja, a ira, a luxúria, a gula e a preguiça ou negligência.

teria gostado de passar o seu tempo ouvindo Jesus, como Maria. Na realidade, tal coisa era não apenas possível, mas a verdadeira preferência do Senhor para ela, pois Ele respondeu: "Marta, Marta, andas muito inquieta e te preocupas com muitas coisas; no entanto, uma só coisa é necessária" (Lucas 10,41-42). Jesus estava dizendo a Marta para que, em lugar de sentir inveja de Maria,se juntasse a ela e fizesse o que ela fazia.

Outro exemplo das Escrituras envolve ninguém menos do que o próprio São Pedro. Nosso Senhor, após a ressurreição, apareceu a alguns de Seus apóstolos no Mar da Galileia e deu a Pedro a oportunidade de apagar sua tríplice negação ao professar três vezes seu amor. Pedro o fez em espírito de humildade e contrição, mas então parece ter caído na armadilha da inveja. Jesus previu a maneira como Pedro morreria; em vez de refletir sobre as implicações de tal revelação, o líder dos Apóstolos, percebendo João, perguntou: "Senhor, e este? Que será dele?" Que se tratava de um caso de inveja, foi sugerido pela leve censura do Senhor: "Que te importa se eu quero que ele fique até que eu venha? Segue-me tu" (João 21,21-22). Deus dá a cada um de nós um chamado único e responsabilidades também únicas; em vez de compará-los com o chamado de outras pessoas, o que se espera de nós é que nos concentremos em nossa própria missão.

A inveja é o desejo de possuir o que outro possui, em vez de nos contentarmos com o que é nosso e de fazer bom uso do que Deus nos deu. Santo Agostinho refletiu sobre essa experiência em suas *Confissões.* Quando garoto, ele tinha ciúmes da atenção que seu irmão mais novo recebia de sua mãe, Santa Mônica; ele também descobriu que, de alguma maneira, era melhor comer a fruta roubada da pereira do vizinho do que a fruta colhida de uma árvore de propriedade de sua família. Devido a nossa natureza pecaminosa, é frequentemente verdadeiro que o fruto proibido é, de fato, mais doce.

A inveja pode nos fazer agir de forma injusta para com os outros e, por vezes, pode até mesmo atrapalhar os desdobramentos dos planos de Deus. Por exemplo, os grandes apóstolos dos eslavos, São Cirilo e São Metódio, encontraram muita oposição durante sua bem-sucedida carreira como missionários, não de pagãos ou de inimigos da Igreja, mas do clero germânico, invejoso de seu sucesso. (A Morávia, onde os santos trabalhavam, buscava a independência política e religiosa do poder germânico, e uma mistura entre política e religião foi um dos resultados disso.) Foi necessário um apelo direto ao papa antes que a autoridade dos santos fosse confirmada.

Todas as coisas devem trabalhar juntas para a glória de Deus, porém a inveja — primeiro da parte do Demônio, depois, da humanidade — interfere nesse processo. De acordo com São Francisco de Assis, "Quando um homem inveja seu irmão pelo bem que Deus fala ou faz por meio dele, é como se cometesse o pecado da blasfêmia, porque ele está, na realidade, invejando a Deus, a única fonte de todos os bens."

São João Maria Vianney alertou que "todo invejoso é orgulhoso" — pois quando desejamos de maneira indevida algo que Deus não colocou a nosso alcance, nós, em nosso orgulho, agimos como se soubéssemos mais do que o Senhor. Os pecados da inveja e do orgulho andam de mãos dadas. Visto, porém, de maneira positiva, isso significa que nossos esforços para permanecermos humildes podem nos ajudar a combater dois pecados capitais de uma só vez. A humildade significa, é claro, buscar a glória de Deus no lugar da nossa, e uma maneira bastante prática de fazê-lo é alegrar-se com a boa sorte dos demais, pois é possível que Deus os esteja recompensando por algum sacrifício que fizeram ou preparando-os para uma missão especial (o que pode não ser verdade em nosso caso). São João Maria Vianney sugere: "Se sentimos a tentação de pensamentos invejosos contra o próximo, longe de permitir que ele os perceba pelos nossos modos frios, devemos fazer o máximo para ser amigáveis e prestar-lhe quaisquer serviços que estejam ao nosso alcance."

Devemos também evitar a inveja em nossas transações financeiras e nos negócios. São Francisco de Sales nos diz: "Não deseje o que pertence ao próximo antes que o próximo deseje se desfazer daquilo; então, o desejo do próximo tornará o seu próprio não apenas justo, mas caridoso. Eu não os proibiria de aumentar seus meios e posses, desde que o façam não apenas com justiça, mas com suavidade e caridade."

A riqueza mundana e o sucesso possuem seu lugar, mas tal lugar é bastante limitado. Jesus preparou para nós um lar no Reino de Seu Pai (João 14,3) — uma morada de riqueza e beleza inimagináveis. Desejar as coisas deste mundo pode nos conduzir ao pecado, desejar o Reino de Deus nos conduzirá à alegria eterna.

PARA REFLETIR

> "A inveja é um vício capital. Designa a tristeza que se sente perante o bem alheio e o desejo imoderado de se apropriar dele, mesmo indevidamente. Se desejar ao próximo um mal grave, é pecado mortal: Santo Agostinho via na inveja 'o pecado diabólico por excelência'. 'Da inveja nascem o ódio, a maledicência, a calúnia, a alegria causada pelo mal do próximo e o desgosto causado pela sua prosperidade.' A inveja representa uma das formas da tristeza e, portanto, uma recusa da caridade; o batizado lutará contra ela, opondo-lhe a benevolência. Muitas vezes, a inveja nasce do orgulho; o batizado exercitar-se-á a viver na humildade..."
>
> CATECISMO DA IGREJA CATÓLICA, parágrafos 2539-2540.

> "A mesma esperança nos inspirava [São Gregório Nazianzeno e seu amigo São Basílio Magno]: a busca do conhecimento. Essa é uma ambição particularmente sujeita à inveja. E, no entanto, entre nós não havia inveja. Ao contrário, acumulamos capital a partir de nossa rivalidade, que consistia não em

buscar o primeiro lugar para si, mas em cedê-lo ao outro, pois cada um tomava o sucesso do outro como o seu próprio."
SÃO GREGÓRIO NAZIANZENO

"O ciúme e a discórdia derrubaram
grandes cidades e arrancaram as raízes de poderosas nações."
SÃO CLEMENTE DE ROMA (escrevendo acerca do martírio dos primeiros cristãos)

ALGO A SER TENTADO

De acordo com São Bernardo de Claraval, é da natureza humana atribuir maior valor às coisas que não possuímos do que às que possuímos, e isso pode terminar por nos conduzir a Deus, uma vez que nos dermos conta de que todos os prazeres deste mundo não satisfizeram nossas necessidades mais profundas. Portanto, pergunte-se com honestidade se você recebeu uma satisfação verdadeira e duradoura quando finalmente obteve o que desejava ou invejava. Se não, isso deveria convencê-lo, como diz São Bernardo, da necessidade de buscar a Deus acima de tudo o mais. Uma vez que você se permite ser consumido por tal desejo, começará a fazer grandes progressos espirituais.

Podemos superar a tentação de sermos invejosos se em seu lugar virmos uma oportunidade de louvar ao Senhor. São João Crisóstomo sugere: "Você gostaria de ver a Deus glorificado? Então alegre-se no progresso de seu irmão, e imediatamente você dará glória a Deus. Quando Seu servo pode conquistar a inveja alegrando-se pelos méritos dos demais, Deus é louvado."

LEITURA ADICIONAL

Eclesiástico 30,24; Marcos 7,20-22; 1 Coríntios 3,3.

Confissões, de Santo Agostinho;
Tratado sobre o amor de Deus, de São Bernardo;
Introdução à vida devota, de São Francisco de Sales.

***

Deus de toda generosidade,
fonte de todas as bê nçãos e de todos os dons,
ajudai-me a dominar esta tendência
a invejar a boa-fortuna dos demais.
Removei este vício enraizado profundamente em mim;
substitui-o por uma satisfação genuína
pelo sucesso dos que me cercam.
Que eu sempre me recorde, ao amar-Vos,
que sou rico além de toda medida;
que eu sempre acredite que Vós me provereis
com tudo de que preciso.
Abençoai, por favor, a todos que em qualquer tempo ou lugar
foram vítimas de minha inveja
e, por favor, concedei-me
o espírito de gratidão por todos os Vossos dons.
Que Vosso nome seja louvado para todo o sempre.
Amém.

X - FALSAS ACUSAÇÕES

[Disse Jesus:] "Bem-aventurados sereis quando vos caluniarem, quando vos perseguirem e disserem falsamente todo o mal contra vós por causa de mim. Alegrai-vos e exultai, porque será grande a vossa recompensa nos céus." MATEUS 5,11-12

EM SUA AUTOBIOGRAFIA, *A história de uma alma,* Santa Teresinha do Menino Jesus escreveu, dirigindo-se a uma de suas superiores:

> Quero, Madre, citar um exemplo que, creio, vos levará a sorrir. Durante um dos vossos ataques de bronquite, fui numa manhã, de mansinho, entregar-vos as chaves da grade de comunhão, pois eu era sacristã. No fundo, não me desagradava ter essa ocasião de vos ver, estava até muito contente, mas evitava deixar transparecê-lo. Uma irmã, animada por um santo zelo e que, todavia, gostava muito de mim, vendo-me entrar em vossos aposentos, pensou que eu ia vos acordar e quis tomar de mim as chaves. Disse-lhe, com as melhores maneiras, que eu cuidava tanto quanto ela de não vos acordar, mas que cabia a mim entregar as chaves. Agora compreendo que teria sido mais perfeito ceder diante dessa irmã, mas naquele tempo, não o compreendia. Querendo de todo jeito entrar atrás dela, que empurrava a porta para me impedir de passar, provocamos o que não queríamos: o barulho vos acordou e tudo recaiu sobre mim. A pobre irmã iniciou um discurso parecido com este: "Foi Irmã Teresa do Menino Jesus quem fez todo o barulho." Eu quis me defender, mas felizmente, veio-me uma ideia brilhante. Pensei que se eu começasse a justificar-me não conseguiria, certamente, manter a paz de espírito; sentia também que não tinha virtude suficiente para me deixar acusar sem reagir. Só restava uma saída, fugir. Dito e feito. Meu coração batia com tanta força que não pude ir longe e sentei-

-me num degrau da escada para saborear em paz os frutos da minha vitória. Uma bravura estranha, mas acredito, porém, que mais vale não se expor à luta quando a derrota é certa!

Alguém entre nós nunca foi falsamente acusado de algo? Certamente, isso aconteceu aos santos muitas e muitas vezes, frequentemente em assuntos muito mais sérios do que aquele descrito por Santa Teresinha. Por exemplo, Santa Isabel de Portugal foi acusada de traição por seu marido, Dom Dinis, e banida temporariamente da corte (Dom Dinis, porém, arrependeu-se depois).

O Papa São Dâmaso I foi eleito bispo de Roma em 366, porém um diácono chamado Ursino foi eleito antipapa ao mesmo tempo. Apesar de o governo civil ter interferido em favor de Dâmaso, os partidários de Ursino levaram o papa aos tribunais e forçaram-no a se defender de acusações inverossímeis, como adultério.

São Metódio, que, com seu irmão São Cirilo, foi missionário junto aos povos eslavos, sofreu a oposição ativa dos bispos germânicos que não desejavam ver uma hierarquia eslava estabelecida na Morávia. Metódio foi falsamente acusado de heresia pelos líderes da igreja germânica — aparentemente devido ao ciúme que sentiam de seu sucesso — e foi mantido preso por eles durante dois anos.

Por vezes, os santos responderam de maneira vigorosa em sua defesa; o principal exemplo disso é São Paulo, cuja epístola aos gálatas é, em grande medida, uma defesa de seu ministério contra seus acusadores, além de falar sem constrangimentos de sua fidelidade ao Evangelho em suas cartas aos Coríntios.

Falar a verdade em nosso favor é frequentemente necessário e defensável. Com frequência, no entanto, os santos escolheram imitar o exemplo de Jesus, que não respondeu às acusações feitas contra Ele (Mateus 26,63). Por exemplo, o monge italiano São Romualdo foi acusado em certa ocasião de um crime escandaloso, e seus companheiros monges acreditaram na acusação; em vez de se defender, praticou a mortificação ao aceitar humildemente o castigo que lhe foi dado.

São Gerardo Majella, um leigo, foi uma vez caluniado por uma jovem e não respondeu às acusações. Assim, sua comunidade Redentorista excluiu-o da comunhão durante vários meses, até que a mulher voltou atrás em seu depoimento.

O Beato Simão de Todi preferiu ouvir em silêncio as graves acusações feitas contra ele pelos monges agostinianos, seus companheiros. Ele não insistiu na realização de um inquérito para provar sua inocência, por temer que o azedume que dele resultaria poderia causar escândalo e discórdia no interior da ordem.

Acusações equivocadas causaram, muitas vezes, um grande sofrimento em suas vítimas. São João da Cruz fez poderosos inimigos durante seus esforços para reformar a Ordem Carmelita. Mais tarde, ele foi preso, insultado, difamado e tratado com dureza pelos seus companheiros religiosos; mesmo depois de ter sido exonerado, havia aqueles que não o deixavam em paz. Durante sua doença final, ele foi submetido a diversas formas de mesquinharia, maus-tratos e negligência, que lhe causaram grandes sofrimentos físicos e que podem ter apressado sua morte antes dos cinquenta anos.

Ainda pior foi a sorte de Santa Helena de Skövde, a viúva de um nobre sueco no século XII. Ao retornar de uma peregrinação a Roma, ela foi acusada de cumplicidade na morte de seu sobrinho; quando os verdadeiros culpados foram descobertos, já era tarde demais: Helena havia sido executada.

A morte foi também a sorte do bispo do século VII, São Leodegário, que, tendo já anteriormente a língua cortada e os olhos cegados por um inimigo, viu-se acusado de homicídio por esse mesmo inimigo. O santo foi preso, torturado e executado dois anos depois.

Melhor sorte teve Santa Ricarda, a esposa do sacro imperador romano-germânico, Carlos, o Gordo. Quando ele acusou-a de infidelidade (com ninguém menos do que o bispo de Vercelli), Ricarda negou-o e insistiu em provar sua inocência ao submeter-se à ordália pelo fogo (na qual, supostamente, apenas os inocentes não seriam feridos). Ricarda passou intocada pelas chamas. (Não é de espantar que, em seguida, ela tenha deixado Carlos e se retirado a um convento.)

Quando o frade dominicano São Pedro de Verona foi banido para um priorado remoto, após ser erroneamente acusado de receber uma mulher em sua cela, ele se ajoelhou diante do crucifixo e gritou: "Senhor, sabes que não sou culpado. Por que permitis que eu seja falsamente acusado?" Jesus lhe respondeu: "E eu, Pedro, o que fiz para merecer minha Paixão e morte?" Pedro foi consolado por tal resposta e, logo depois, sua inocência foi provada.

Uma lista parcial de santos que foram acusados erroneamente inclui o Beato Miguel Pro, um padre executado em 1927 pelas autoridades mexicanas, acusado de estar envolvido em uma tentativa de atentado contra funcionários do governo, mesmo não havendo provas contra ele. Santa Joana D'Arc foi queimada na fogueira por supostamente praticar feitiçaria; São João Sarkander, erroneamente identificado como espião durante a Guerra dos Trinta Anos; o padre espanhol Beato Francisco Palau y Quer, que supostamente provocou greves operárias na Espanha do começo do século XX; o Papa São Pascoal I, que foi equivocadamente acusado de ter instigado a morte de dois de seus próprios agentes papais, que se opuseram a uma de suas decisões; e São João de Matera, que foi preso (e depois escapou com a ajuda de um anjo) após suspeitas de guardar para si um tesouro escondido, que ele havia encontrado ao reconstruir uma igreja em ruínas.

Talvez a história de acusação mais emblemática envolva o mártir do século III, São Nemésio. Preso por roubo, ele conseguiu provar sua inocência, mas depois foi acusado por ser cristão. Após confessar sua Fé, Nemésio foi flagelado duas vezes mais do que ladrões comuns e executado. Ironicamente, o santo era inocente da primeira acusação e culpado da segunda — e cada uma delas ajudou-o a atingir a vida eterna.

São Raimundo Nonato, que no século XIII ofereceu a si mesmo como resgate aos muçulmanos em troca de cristãos que aqueles mantinham cativos, é considerado o padroeiro dos que sofrem falsas acusações; se a experiência dos santos serve de indicativo, há provavelmente muitas pessoas que precisam de sua ajuda. Aqueles de nós que sofrem acusações falsas — seja devido à malícia ou a mal-entendidos — podem dirigir-se aos santos para pedir ajuda, sabendo que eles nos entendem e simpatizam conosco.

Possuímos também o consolo de saber que essa experiência dolorosa pode ser uma fonte de grandes graças. São Francisco de Sales nos diz que "Suportar a infâmia é o fundamento da humildade e da verdadeira virtude." E São João Maria Vianney nos assegura: "Você é vítima de falsas acusações, ou coberto de insultos? Tanto melhor! Trata-se de um bom sinal; não se preocupe com isso, pois está no caminho que conduz ao Céu." Que o Senhor nos dê a cada um de nós a coragem e a fortaleza para trilhar esse caminho.

PARA REFLETIR

> "O respeito pela reputação das pessoas proíbe toda e qualquer atitude ou palavra susceptíveis de lhes causar um dano injusto. Torna-se culpado: [...] de *calúnia*, aquele que, por afirmações contrárias à verdade, prejudica a reputação dos outros e dá ocasião a falsos juízos a seu respeito."
>
> CATECISMO DA IGREJA CATÓLICA, parágrafo 2744

> "Almas fracas e demasiado apegadas a sua própria reputação causam grande agito e comoção e não conseguem estar em paz caso alguma calúnia seja espalhada contra elas. Não é assim com almas generosas que não possuem outro objetivo além de agradar a Deus. Elas bem sabem que Ele vê sua inocência e que a guarda no coração mais do que elas mesmas, e portanto

não irá deixar de defendê-las na medida em que seu bem maior assim o exigir."

SANTO AGOSTINHO

"Já que temos nosso acusador, necessitamos também de nosso Advogado."

SANTO IRINEU (acerca do Espírito Santo)

(Assim, devemos confiar no Espírito Santo quando formos falsamente acusados.)

ALGO A SER TENTADO

Certa vez, colegas de escola do jovem São Domingos Sávio acusaram-no de uma falta que eles mesmo haviam cometido; ele permaneceu em silêncio, imitando a Cristo. Você não precisa necessariamente ficar calado quando for falsamente acusado, mas deve lembrar-se de que tais experiências podem ser uma maneira de compartilhar o sofrimento de Cristo. São Francisco de Sales aconselha: "Se você for falsamente acusado, justifique-se com mansidão, negando sua culpa, pois isso é devido à verdade e à edificação do próximo. Se, porém, após sua justificativa verdadeira e honesta seus acusadores persistirem, não se dê mais ao trabalho e não persevere em sua defesa, pois, tendo homenageado a verdade, agora homenageie a humildade."

São Paulo da Cruz dizia: "Quando se é acusado de algo injusto, é difícil ser gentil com nossos acusadores. No entanto, eles são os instrumentos que Deus está usando para enriquecer sua alma com virtudes. Busque todas as oportunidades para ser gentil com essas pessoas e para fazer-lhes todo o bem que você puder, em mansidão e amor."

LEITURA ADICIONAL

Salmo 37,6; 1 Pedro 2,20-21; Efésios 4,2.

Introdução à vida devota, de São Francisco de Sales;
A prática do amor a Jesus Cristo, de Santo Afonso de Ligório.

***

Jesus,
fostes falsamente acusado,
por isso sabeis o que estou passando. Dói.
Sinto-me violado e traído.
Quero atacar, ou, ao menos,
ver meus acusadores cobertos de vergonha —
no mínimo, forçados a desculpar-se.
Quero que todos saibam que sou inocente,
mas tenho medo de que não o saibam,
que pensem mal de mim e que eu sofra por isso.
Ajudai-me, Senhor, a carregar esta cruz
e a perdoar aqueles que pecam contra mim.
Dai-me a coragem de seguir em frente
e a fortaleza de perdoar aqueles que me acusaram falsamente,
bem como aqueles que acreditaram no pior sobre mim.
Se essa for a Vossa vontade, permiti que eu seja justificado,
e, não importa o que ocorra,
permiti que eu seja compassivo com aqueles que me feriram.
Que eu possa oferecer esse sacrifício para Vossa maior glória,
a glória que não pode ser retirada.
Amém.

XI - DIFICULDADES FAMILIARES

[Disse Jesus:] "Quem ama seu pai ou sua mãe mais que a mim, não é digno de mim. Quem ama seu filho mais que a mim, não é digno de mim. Quem não toma a sua cruz e não me segue, não é digno de mim." MATEUS 10,37-38

VOCÊ PROVAVELMENTE JÁ ouviu que os amigos são escolhidos, a família, não, e assentiu. Parentes! Com frequência temos a impressão de que não é possível viver com eles e nem sem eles. A família pode ser nossa maior força ou nosso maior problema. Trata-se de um exagero, é claro, mas de um exagero justificado. Certamente, muitos santos também pensariam assim, pois eles também tiveram seu quinhão de dificuldades familiares, e seus exemplos podem ser instrutivos.

Deve-se notar desde o início que houve famílias de santos. Por exemplo, Santa Macrina, a jovem, era filha de São Basílio, o velho, e de Santa Emélia, e irmã de São Basílio Magno, de São Pedro de Sebaste e de São Gregório de Nissa. Macrina desempenhou um papel importante na educação de seus irmãos, chegando mesmo, em uma ocasião, a censurar Basílio por excesso de orgulho.

A família de Santa Valdetrudes, uma viúva do século VII, era muito santa: seus pais, Walberto e Bertília, sua irmã, Aldegunda, seu marido, Vicente Madelgário e seus quatro filhos Landerico, Dentelino, Aldetrude e Madelberta, são todos considerados santos.

Mesmo as famílias de santos, no entanto, não são poupadas de disputas e mal-entendidos. Não deve nos surpreender o fato de que a família de Santa Melânia, a jovem, uma leiga do século V, opunha-se a suas devoções religiosas (apesar de, no fim, sua paciência e caridade terem convencido seu marido e sua mãe viúva); surpreendente de verdade é que, por vezes, ela tinha um convívio tenso com sua avó, também uma santa canonizada: Santa Melânia, a velha. A avó era amiga de São Jerônimo e, como ele, tinha uma personalidade forte, o que aparentemente fazia com que ela e a neta nem sempre estivessem de acordo.

Laços familiares não garantem que nossos entes queridos nos tratarão da maneira correta ou que seus desejos são realmente para nosso bem. No começo do século III, Santa Perpétua foi uma das muitas cristãs presas pelas autoridades romanas. O pai de Perpétua, um destacado nobre pagão em Cartago, visitou-a na prisão e tentou convencê-la a renunciar a sua fé. Em seu diário, a santa registrou uma descrição da visita:

> Quando meu pai, em seu afeto por mim, estava tentando me dissuadir de meu propósito com argumentos e assim enfraquecer minha fé, eu disse a ele: "Vês este vaso, jarro d'água ou seja lá o que for? Ele pode ser chamado por qualquer outro nome que não o seu?" "Não", respondeu ele. 'Da mesma forma eu não posso me chamar por qualquer outro nome que não por aquilo que sou — uma cristã.

O pai de Perpétua partiu entristecido, não tendo conseguido realizar o que ele, equivocadamente, acreditava ser melhor para a filha. A própria santa, é claro, também estava triste, mas ela sabia que, primeiramente, sua lealdade era devida a Cristo. Santa Perpétua e seus companheiros morreram bravamente como mártires durante os jogos públicos realizados no anfiteatro da cidade.

A primeira santa nascida nos Estados Unidos, Santa Isabel Ana Seton, cortou seus laços familiares quando se converteu ao catolicismo. Ela pertencia a uma importante família Episcopal de Nova York e, quando jovem, casou-se com um próspero comerciante. No entanto, após onze anos de felicidade matrimonial, o Sr. Seton perdeu sua fortuna ao falir e, logo depois, contraiu tuberculose e morreu. Porque sua família se opunha à sua nova fé, Isabel e seus cinco filhos viram-se em severas dificuldades financeiras, e ela aceitou o convite de um padre para fundar uma escola para garotas. Por fim, ela e um grupo de mulheres fundaram uma congregação religiosa, a das Irmãs da Caridade; e Isabel, que se tornou conhecida como Madre Seton, encontrou sua identidade como membro da família de Deus na Igreja.

Muitos santos tiveram dificuldades com pais que se opunham ou não entendiam sua vocação religiosa. Pensamos de imediato em São Francisco de Assis, cujo pai o renegou e deserdou, não de todo sem razão. Francisco havia vendido alguns bens do negócio da família com o objetivo de arrecadar dinheiro para reconstruir uma igreja em ruínas. Ele também ajudou sua amiga Santa Clara de Assis a fugir de casa em segredo para entrar em um convento, contra a vontade da família. A irmã de Clara, Santa Inês de Assis, seguiu-a mais tarde, uma vez mais ignorando a vontade da família. No fim, a mãe viúva das irmãs (talvez pensando que "se você não pode vencê-las, junte-se a elas") também entrou no convento, momento em que São Francisco transformou as três no núcleo da comunidade religiosa conhecida como Clarissas.

Tanto Santo Alberto Magno quanto Santo Tomás de Aquino perseguiram sua vocação religiosa (cada uma delas marcada por extraordinário saber e serviço à Igreja) contra a feroz oposição de suas famílias. São Casimiro, o príncipe da Polônia do século XV, foi uma grande decepção para seu pai, pois o rei queria que ele se concentrasse em atividades marciais e em se casar para gerar herdeiros reais, em vez de rezar e realizar atos de caridade.

Santa Rosa de Lima desejava entrar em um convento, mas seus pais insistiram para que ela se casasse. O impasse durou dez anos; por fim, seus pais cederam e permitiram que ela entrasse na Ordem Terceira de São Domingos como leiga, enquanto vivia uma vida de semirreclusão em um quarto de sua casa pobre. Rosa estava tentando imitar Santa Catarina de Sena, uma virgem do século XIV, a filha mais nova de 25 irmãos. Seus pais queriam que ela se casasse com alguém rico, mas ela se recusou — sua vida pertencia a Deus.

A mãe de Catarina insistiu para que ela se embelezasse a fim de encontrar um marido, ao que Catarina respondeu cortando seu cabelo. Sua punição por tal ato de desafio foi realizar os trabalhos domésticos mais pesados e servir o resto da família, o que ela fez com tamanha alegria e paciência que seu pai finalmente ordenou que a deixassem em paz e a permitiu viver como reclusa em seu quarto.

Menos sorte teve Santo Hermenegildo, cujo pai, um rei do século VI, ordenou sua execução quando se recusou a renunciar à fé católica. No começo do século XVI, o jovem mártir Beato Cristóvão do México também foi morto por seu próprio pai após converter-se ao catolicismo.

Alguns santos encontraram a oposição, ou algo ainda pior, de membros da família que não seus pais. Após a morte de seu marido, Santa Joana de Chantal sofreu enormemente nas mãos de seu sogro. São Pedro Damião, bispo no século XI, órfão desde pequeno, foi criado por um irmão mais velho que o tratava pouco melhor do que a um escravo. No século X, São Venceslau, rei da Boêmia, foi convidado por seu irmão Boleslav para que os dois se encontrassem para ir à missa, mas Boleslav tinha combinado com seus seguidores para que estes emboscassem e matassem o rei a caminho da igreja.

Maus-tratos — especialmente sofridos por nossa família — não justificam uma resposta sem amor de nossa parte. São Thomas More, por exemplo, permitiu que seu genro luterano vivesse com ele, ainda que o jovem (um ex-católico) afirmasse detestar seu sogro. São Francisco de Sales insiste: "Não devemos ficar satisfeitos com a fragrância aromática do mel, ou seja, com as relações agradáveis e repletas de cortesia com estranhos, mas devemos ter o leite da caridade voltado para nossos próprios lares, não nos parecendo àqueles que são anjos para fora e demônios em casa."

A bondade em casa certamente será recompensada; como nos diz Santo Afonso de Ligório: "Podem estar certos disso: se praticarem o amor em sua própria família, Deus os ajudará fora dela." O

Senhor nos dá nossas famílias a fim de que cresçamos mutuamente na graça; quando, por quaisquer razões, isso não é possível, nós mesmos devemos continuar a avançar na santidade. Suportar com paciência os mal-entendidos e maus-tratos que vêm de nosso próprio lar é um meio poderoso, ainda que reconhecidamente difícil, de fazê-lo.

PARA REFLETIR

> "São importantes, mas não absolutos, os laços familiares. Quanto mais a criança cresce para a maturidade e autonomia humanas e espirituais, tanto mais a sua vocação individual, que vem de Deus, se afirma com nitidez e força. Os pais devem respeitar este chamamento e apoiar a resposta dos filhos para o seguir. Hão de convencer-se de que a primeira vocação do cristão é seguir Jesus..."
>
> CATECISMO DA IGREJA CATÓLICA, parágrafo 2232

> "Ame a seu pai, mas não mais do que a Deus. Ame sua mãe, mas não mais do que a Mãe que lhe deu à luz para a vida eterna. Ademais, deste mesmo amor de seus pais, veja quanto você deve amar a Deus e a Igreja. Pois se tanto amor é devido àqueles que lhe geraram para uma vida que deve acabar, quanto mais amor cheio de gratidão é devido àqueles que lhe geraram para um destino eterno!"
>
> SANTO AGOSTINHO

> "Com que certeza podemos esperar, já que nossa salvação depende de uma sentença de um bom Irmão e de uma Mãe bondosa!"
>
> SANTO ANSELMO

(Assim, mesmo que nossas relações com nossas famílias terrestres sejam difíceis, temos a garantia de um amor e de uma aceitação verdadeiros de Jesus e Maria.)

ALGO A SER TENTADO

Santo Estanislau Kostka sofreu maus-tratos nas mãos de seu pai nobre e, especialmente, nas de seu irmão mais velho, Paulo, sendo forçado a fugir para seguir sua vocação na Ordem Jesuíta. No entanto, Estanislau morreu enquanto ainda era um jovem noviço, em parte em decorrência dos abusos físicos sofridos anteriormente. Seus companheiros jesuítas não ficaram sabendo disso até o próprio Paulo admitir o que havia acontecido; Estanislau nunca tocara no assunto. Não é necessário que guardemos silêncio sobre abusos físicos e devemos denunciá-los às autoridades quando vemos que alguém os sofre. Para ofensas menores cometidas contra nós por familiares, porém, Santo Estanislau nos dá um nobre exemplo a ser seguido: o de evitar tornar públicos nossos problemas familiares.

O beato Bernardo de Offida, um franciscano do século XVII, possuía um dom especial para mediar conflitos familiares; aqueles que agem assim desempenham uma função muito valiosa. Se você tiver a habilidade e a oportunidade de reparar relações abaladas em sua própria família, faça-o. Numa briga de família é frequente que todas as partes envolvidas desejem uma reconciliação, mas que ninguém queira dar o primeiro passo. Se você — como participante direto na briga ou apenas como observador — ajudar a aproximar os membros da família, estará levando a paz aos demais e ao mesmo tempo glorificando a Deus.

Segundo São Francisco de Sales:

> Entre todos aqueles incluídos na categoria de 'próximo', em certo sentido, ninguém merece mais a ela pertencer do que aqueles de nosso próprio lar. Eles são os mais próximos de nós, vivendo sob o mesmo teto e comendo do mesmo pão. Portanto, eles devem ser

um dos principais objetos de nosso amor, e devemos praticar em seu favor todas as ações da verdadeira caridade, que deve ser encontrada não na carne e no sangue ou em suas qualidades, mas completamente em Deus.

Em outras palavras, você deve compreender aqueles que o rejeitam, baseado não em sua própria força ou na razoabilidade deles, mas pela graça divina. Isso quer dizer que, caso membros de sua família o rejeitem, você não deve rejeitá-los; em lugar de responder a eles de maneira áspera, permaneça em paz e perdoe, ao mesmo tempo em que os mantêm sempre em suas orações.

LEITURA ADICIONAL

Mateus 12,46-50; Salmo 133,1;
Marcos 3,21; Mateus 10,34-36.

A prática do amor a Jesus Cristo e *Glórias de Maria*,
de Santo Afonso de Ligório.

***

Querida Sagrada Família —
Jesus, Maria e José —,
mirai com compaixão a mim e à minha família.
Ajudai-nos a viver juntos em harmonia e respeito mútuo.
Perdoai nossas falhas e nossa insensibilidade,
nossos comentários grosseiros
e nossa falta de cortesia uns para os outros;
iluminai-nos com o espírito do amor e da compreensão,
e fazei de nosso lar um verdadeiro refúgio
em um mundo difícil e inamistoso.
Frequentemente falhamos em apoiar uns aos outros

ou em estarmos presentes nos momentos de dificuldade;
mostrai-nos nossas faltas, para que,
seguindo vossos santos exemplos,
possamos superá-las e viver como nosso Pai celeste deseja.
Ajudai-nos a viver agora de maneira que um dia
possamos adentrar no Reino da eterna glória
e lá vivermos para sempre como filhos da família de Deus.
Amém.

XII - DIFICULDADES FINANCEIRAS

Afasta de mim falsidade e mentira,
não me dês nem pobreza nem riqueza,
concede-me o pão que me é necessário,
para que, saciado, eu não te renegue, e
não diga: "Quem é o Senhor?"
Ou que, pobre, eu não roube, e não
profane o nome do meu Deus.
PROVÉRBIOS 30,8-9

COMEÇAMOS O CAPÍTULO com a seguinte pergunta: por que muitos de nós precisamos constantemente de mais dinheiro do que temos? Sim, Deus provê a nossas necessidades, mas por que as coisas têm de ser tão difíceis às vezes? A Igreja necessita de mais ajuda financeira; comunidades e escolas precisam de mais receitas; a maior parte das famílias precisa de uma renda maior.

Preocupações com dinheiro infelizmente fazem parte da vida. Onde a fé entra nesse contexto?

Um bom número de santos sabia o que era estar em dificuldades financeiras. Muitos deles viveram na pobreza — começando por São José e a Virgem Maria, cujo lar em Nazaré era certamente pobre. Jesus, como o Verbo Eterno de Deus por meio de quem todas as coisas foram criadas, escolheu nascer e viver na pobreza, em vez de na riqueza, a fim de que ninguém pudesse usar a falta de recursos materiais como desculpa para não segui-Lo.

A maioria daqueles a quem Ele chamou como discípulos durante Sua vida era pobre. Se nós mesmos somos pobres, possuímos diversos exemplos para nos recordar de que ainda assim podemos nos tornar ricos na graça.

Quando o dinheiro é um problema, faz sentido rezar para os santos mencionados acima: a Bem-aventurada Virgem Maria, São José Operário e os Santos Apóstolos. Podemos nos recordar também de São Calisto, que, como escravo num importante lar romano, perdeu uma quantia de dinheiro deixada sob seus cuidados, e São Guido de Anderlecht, que, buscando mais dinheiro para dar aos pobres, perdeu suas economias em um mau investimento.[4] (Não desejamos, é claro, que esses dois santos intercedam por resultados parecidos para nós, mas eles, certamente, podem velar por nós com compaixão em nossas dificuldades financeiras.)

Ao lidar com nossas próprias dificuldades financeiras, é útil — ainda que provavelmente difícil, a princípio — adotarmos a mesma atitude de São João Bosco, o padre italiano que dedicou sua vida a cuidar de rapazes delinquentes. Mesmo com a ajuda de ricos mecenas, os orfanatos, escolas e oficinas de João pareciam nunca ter dinheiro suficiente para realizar o necessário. O santo, porém, recusava as preocupações. A cada alerta de desastre financeiro iminente, João simplesmente sorria e respondia: "Deus proverá." Em vez de gerar admiração, essa atitude confiante fez com que algumas pessoas duvidassem de sua sanidade.

Deus não quer que percamos a cabeça preocupando-nos com dinheiro; se estamos em dificuldades, talvez seja uma mensagem Dele. Talvez precisemos ser mais generosos em compartilhar o que já temos, ou mais cuidadosos em nossas prioridades na vida. (Afinal, quanto mais alto colocamos o dinheiro em nossa lista de prioridades, mais nos convenceremos de que precisamos dele.) O Senhor proverá, mas nos pede, em primeiro lugar, que confiemos ativamente Nele.

4 Ver também o capítulo III, "Dificuldades nos negócios".

PARA REFLETIR

"Cada um tem o direito de iniciativa econômica e usará legitimamente os seus talentos, a fim de contribuir para uma abundância proveitosa a todos e recolher os justos frutos dos seus esforços. Mas terá o cuidado de se conformar com as regulamentações impostas pelas legítimas autoridades em vista do bem comum."
CATECISMO DA IGREJA CATÓLICA, parágrafo 2429.

"Nada nos faz tão prósperos neste mundo quanto dar esmolas."
SÃO FRANCISCO DE SALES

"Pensem nas criancinhas que, com uma mão seguram firme seu pai e com a outra recolhem frutos. Se você levar os bens deste mundo com uma das mãos, deve sempre agarrar com a outra a mão de seu Pai celeste, e voltar-se para ele de tempos em tempos para ver se O está agradando. Acima de tudo, assegure-se de nunca deixar Sua mão e Sua proteção, pensando que com as suas duas mãos, você pode recolher mais coisas ou ganhar qualquer outra vantagem."
SÃO FRANCISCO DE SALES

ALGO A SER TENTADO

São Paulo da Cruz aconselha: "Quando necessitar de algo, crie coragem e brade ao Senhor. Mas permaneça em paz na vontade de Deus sem a menor ansiedade." Deus deseja que você se volte a ele em todas as suas necessidades, incluindo as financeiras. Ele também deseja que, uma vez que tais necessidades tenham sido expressas, você confie em Sua providência e em Seu amor.

Um adesivo de para-choque diz: "Se você ama a Jesus, dê o dízimo; qualquer idiota consegue buzinar." Doar 10% de sua renda para a Igreja ou para a caridade — o dízimo — é uma maneira poderosa de demonstrar seu amor por Deus e também de alcançar Suas bênçãos. Se você não está dando o dízimo, é algo sobre o que deve orar. Caso se trate de algo financeiramente muito difícil no momento, ou de um salto demasiado grande, considere fazê-lo apenas um mês por ano. Assim, quando você estiver experimentado nesse tipo de doação sacrificial, pode aumentá-la para dois meses por ano, depois três e assim por diante.

LEITURA ADICIONAL

Eclesiástico 11,21-22; Salmo 86,1-4; Mateus 6,19-21.24.

Introdução à vida devota, de São Francisco de Sales.

***

Pai, Criador de tudo,
sustentai-me em minhas necessidades
e ajudai-me a cumprir minhas obrigações.
Por vezes, Senhor, preocupo-me com dinheiro;
é difícil manter-me, mais ainda avançar.
Há tantas necessidades e possibilidades;
sinto que nunca serei capaz de dar conta de todas.
Que isso me sirva de lembrança, Senhor,
de que não sou capaz de vencer sozinho;
Preciso de Vós.
Sim, Senhor, confio em Vós,
pois não tenho sido capaz de vencer sozinho.
Ajudai-me a ser generoso com os demais,
da mesma forma que Vos rogo para que
continueis a ser generoso comigo.

Dai-me o que preciso
e ajudai-me a ser agradecido pelo que recebo.
Mesmo se eu tiver de ser pobre pelos padrões do mundo,
que eu possa sempre ser rico perante Vossos olhos.
Amém.

XIII – VONTADE DE DESISTIR

Considerai que é suma alegria, meus irmãos, quando passais por diversas provações, sabendo que a prova da vossa fé produz a paciência. Mas é preciso que a paciência efetue a sua obra, a fim de serdes perfeitos e íntegros, sem fraqueza alguma. TIAGO 1,2-4

UM JOVEM VISITOU um eremita que possuía a reputação de ser um grande santo, buscando aprender com ele. Esse santo padre do deserto ensinou-o muitos métodos de oração. Um dia, o discípulo perguntou: "O que posso fazer para chegar a Deus?" O mestre respondeu: "O que podes fazer para obrigar o sol a nascer?" À medida que compreendeu as implicações dessa resposta, o discípulo irritou-se e demandou: "Então por que me dás todas essas diferentes formas de oração?" Com grande sabedoria e paciência, o eremita do deserto explicou: "Para garantir que estejas acordado quando o sol nascer."

Nós não ganhamos nossa salvação, nem alcançamos a Deus sozinhos, mas somos chamados a estar despertos quando Ele se manifestar em nossas vidas. Isso quer dizer, mais do que qualquer outra coisa, que devemos perseverar em nossos esforços para viver nossa Fé e fazer a vontade do Senhor. É relativamente fácil fazer um grande sacrifício, se soubermos que é última vez que algo nos será pedido. Mais difícil para a maioria de nós é fazer muitos pequenos sacrifícios, dia após dia, sem fim aparente. Com frequência, no entanto, essa é a natureza da cruz que carregamos: continuar a rezar e ir à missa, mesmo quando a maioria dos nossos familiares já deixou de fazê-lo; prosseguir com nossos estudos bíblicos e com outras atividades educativas, mesmo quando estamos cansados ou desencorajados; manter nosso compromisso de fazer o que é moralmente certo, mesmo que poucos pareçam se importar com isso, e perseverar em nossas atividades caridosas e em nosso desejo de realizar favores, mesmo quando raramente recebemos agradecimento ou reconhecimento. Seria tão fácil desistir, mas esse não é o caminho de Cristo. Ele nos chama para permanecermos despertos e prontos, e promete Suas bênçãos àqueles que se mantiverem fiéis (Marcos 13,33).

Alguns santos são modelos de perseverança; outros lutaram para permanecerem fiéis a seu chamado. Não podemos deixar de admirar o exemplo de São Paulo, que pagou com alegria um alto preço por seus esforços para continuar servindo a Cristo Jesus, como vemos nos Atos dos Apóstolos e em algumas das epístolas do Novo Testamento.

Outro magnífico exemplo de compromisso e dedicação nos é dado por Santo Atanásio, o grande bispo do século IV, cuja inflexível oposição à heresia do arianismo (que negava a divindade de Cristo) foi essencial para a preservação do verdadeiro ensinamento da Igreja. Muitos bispos, padres e leigos fraquejaram, mas não Atanásio. Ele foi exilado cinco vezes por defender ferreamente o dogma da Igreja e forçado a passar dezessete de seus quarenta e seis anos como bispo afastado de sua diocese de Alexandria.

Missionários frequentemente passam dificuldades: longe de casa, eles vivem entre pessoas de uma cultura diferente da sua e frequentemente se deparam com hostilidade e suspeitas, que, por vezes, culminam em perigo físico e até em morte. Tal foi o caso de São Noel Chabanel, um dos mártires da América do Norte. Alguns de seus companheiros jesuítas franceses não pareciam enfrentar obstáculos na pregação do Evangelho aos índios norte-americanos, mas esse não era o caso de Padre Noel. Além de ter uma dificuldade enorme para aprender a língua Huron, ele achava alguns de seus costumes repugnantes, detestava sua comida e teve imensas saudades e depressão. E o que ele fez? O santo prometeu solenemente permanecer em seu posto pelo tempo que Deus decidisse. O Padre Chabanel cumpriu a promessa, permanecendo com os Hurons até ser finalmente martirizado por eles.

Uma contemporânea de São Noel Chabanel, Santa Luísa de Marillac, não encarou os mesmos perigos que ele, mas teve seus próprios obstáculos a superar em seus esforços, juntamente com São Vicente de Paula, para fundar uma ordem religiosa para mulheres: a das Irmãs da Caridade. Sua saúde era frágil e as circunstâncias estavam frequentemente contra ela, mas a combinação de sua persistência com a graça divina ajudou-a a atingir seu objetivo.

Por manter o foco na vida futura, os santos geralmente são capazes de superar dificuldades temporárias que desencorajariam outras pessoas. É muito mais fácil suportar o sofrimento quando sabemos que ele possui um propósito. Tal foi o caso do Papa São Martinho I, que morreu no exílio após se opor a uma heresia favorecida pelo imperador. Em uma carta, Martinho escreveu: "Durante quarenta e sete dias não recebi água para me lavar. Estou congelado e me esvaindo com disenteria. A comida que recebo me faz vomitar. Mas Deus vê todas as coisas, e confio Nele."

Nem todos os santos tiveram uma experiência fácil ao confiar em Deus; alguns desistiram de seus esforços iniciais, talvez por medo ou por uma mudança de opinião, ou talvez devido a um desejo de servir a Deus de maneira diferente.

Dúvidas assaltaram São Gregório Nazianzeno, um grande teólogo cuja timidez inclinava-o para a solidão. No ano 380, seus eloquentes esforços para fortalecer a Igreja na cidade imperial de Constantinopla, levaram-no a ser nomeado bispo naquele local (um posto de grande prestígio e importância); após somente algumas semanas, no entanto, Gregório renunciou, com o objetivo de passar o resto da vida em oração e meditação.

O medo prejudicou temporariamente a missão de Santo Agostinho de Cantuária. O Papa São Gregório Magno escolheu-o para conduzir alguns missionários à Inglaterra, mas ao chegar ao Canal da Mancha, o grupo viu-se amedrontado por história de severas tempestades e ferozes nativos; eles esperaram ali enquanto Agostinho voltou a Roma para perguntar ao papa se tal viagem missionária era mesmo necessária. Gregório tranquilizou o amedrontado Agostinho e o reenviou-o; no fim, ele e seus companheiros foram bem-recebidos e seus esforços na Inglaterra renderam muitos frutos.

Mesmo quando não estivermos viajando para longe de casa ou colocando nossas vidas em risco, as dificuldades envolvidas em servir a Deus podem ser cansativas e desencorajadoras, e a tentação de desistir sempre nos espreita, sobretudo quando temos a impressão de que nossos esforços não são apreciados ou respeitados. No início do século XIX, São Clemente Hofbauer fundou um orfanato e frequentemente pedia esmolas para sustentá-lo. Uma vez, ele entrou em uma taverna para pedir esmola, mas um homem jogando cartas cuspiu em sua cara. Em vez de ir embora, Clemente disse calmamente: "Esse foi um presente para mim, agora, por favor, dê algo para minhas pobres criancinhas." Impressionado pela humildade e pela persistência do santo, o homem não apenas se desculpou e fez uma pequena doação, mas, a partir daquele momento, tornou-se um dos penitentes regulares do padre e um firme defensor de seu ministério. Desde que não desistamos rápido demais das pessoas ou das circunstâncias, a graça divina pode fazer milagres; e a vontade de prosseguir em nossa fé pode ser uma expressão poderosa de nosso amor por Deus.

De acordo com Santo Agostinho: "Nossa tarefa [como cristãos] é a de progredir diariamente em direção a Deus. Nossa peregrinação na terra é uma escola na qual Deus é o único professor e ele exige bons alunos, não vadios." Chegaremos à nossa formatura da escola da vida com honras se permanecermos fiéis a Jesus, não apenas em nossas palavras, mas em nossas ações. Santo Inácio de Antioquia afirmou: "Uma árvore revela-se por seus frutos, e, da mesma maneira, aqueles que professam pertencer a Cristo serão vistos pelo que fazem. Pois o necessário não é apenas a profissão presente, mas a perseverança até o fim no poder da fé."

Para termos sucesso, devemos confiar totalmente na graça de Deus. São Paulo da Cruz nos diz que também devemos devotar-nos totalmente à vontade de Deus, quer ela nos pareça agradável, quer dolorosa. Quanto mais nos entregamos a Deus, mais nos encheremos de Sua graça. São Vicente de Paula nos assegura: "Se hoje tivemos força para superar uma dificuldade, amanhã e no dia seguinte, seremos capazes de ultrapassar outras muito maiores e mais inquietadoras."

Jesus nos diz para que não nos preocupemos com o dia de amanhã, pois a cada dia basta o seu cuidado (Mateus 6,34). Devemos viver em espírito de confiança um dia de cada vez, pois, como diz Santo Agostinho: "Aguentai, sede firmes, persisti, suportai o atraso, e tereis carregado a cruz." Como observamos nas vidas dos santos, perseverar em nossos esforços para seguir a Jesus nem sempre é fácil, porém com a graça de Deus isso é possível e vale o preço.

PARA REFLETIR

> "Devemos resistir e perseverar para atingir a verdade e a liberdade que nos é permitida esperar. Fé e esperança são o próprio sentido de sermos cristãos, mas para que a fé e a esperança deem frutos, é necessário paciência..."
>
> SÃO CIPRIANO

> "Quem não adquire o amor de Deus dificilmente irá perseverar na graça de Deus, pois é muito difícil renunciar ao pecado simplesmente pelo medo do castigo."
>
> SANTO AFONSO DE LIGÓRIO
>
> *(Em outras palavras, o medo não é uma boa motivação no longo prazo para fazer o bem; somente um amor genuíno por Deus e pelo próximo nos ajudará a continuar a fazer o que é certo, mesmo nos momentos em que preferiríamos desistir.)*

"A fé crê, a esperança reza e a caridade implora a fim de dar aos outros. A humildade de coração forma a oração, a confiança a manifesta e a perseverança triunfa sobre o próprio Deus."

SÃO PEDRO JULIÃO EYMARD

ALGO A SER TENTADO

Santo Agostinho afirma que se estivermos muito felizes ou confortáveis na vida, não nos lembraremos de que nos encontramos em uma jornada para o Céu; devemos estar insatisfeitos conosco — especialmente com nossa natureza pecaminosa — de modo a combatermos o pecado e usarmos a graça de Deus para fazer de nós pessoas melhores. Portanto, recorde a si mesmo de tempos em tempos as imperfeições desta vida e as alegrias da vida futura. Faça uma lista intitulada"Coisas que espero do Céu", acrescentando ao menos um item por dia durante uma semana; depois, revise-a de vez em quando. Isso pode motivá-lo a continuar a crescer na graça e a perseverar quando a vida se torna difícil.

Aprenda com o exemplo de Santa Teresinha do Menino Jesus. Antes de entrar para as Carmelitas, ela decidiu orar pela conversão dos pecadores e, especificamente, por um assassino endurecido e impenitente que havia sido condenado à morte. Ela ofereceu muitas orações e sacrifícios por ele e teve a alegria de saber que o criminoso, justo antes de sua execução, beijou um crucifixo com reverência e implorou pelo perdão de Deus. Teresa estava em êxtase: o primeiro de seus muitos pecadores estava salvo. Para tornar sua meta possível, comece com uma pessoa ou objetivo em particular, e prossiga a partir daí, um passo de cada vez.

LEITURA ADICIONAL

Jeremias 29, 13; Lucas 8,15; 9,62;
Tiago 5,10-11; 2 Pedro 1,5-11.

Comentário ao Salmo 59 e *Sermão 169*, de Santo Agostinho;
Livro da vida, de Santa Teresa de Ávila.

***

Eu vos suplico,
suave Senhor Jesus,
tendo-me redimido do Pecado Original pelo Batismo,
livrai-me agora de todos os males,
passados, presentes e futuros,
por meio de Vosso precioso Sangue,
ofertado e recebido no mundo inteiro.
Por Vossa morte cruel, dai-me uma fé viva,
uma esperança firme e a caridade perfeita,
para que eu possa amar-Vos com todo meu coração,
minha alma e minhas forças.
Fazei-me firme e constante em boas obras,
e concedei-me a perseverança em Vosso serviço
para que eu possa sempre ser de Vosso agrado.

SANTA CLARA DE ASSIS

XIV - FOFOCAS

Quem se regozija com a iniquidade será desonrado;
quem detesta a correção abreviará a sua vida;
quem odeia a tagarelice, destrói sua malícia.
Não repitas uma palavra dura e maldosa,e não serás prejudicado.
Não confies teu pensamento nem aoamigo nem ao inimigo[...].
Ouviste uma palavra contra o teu próximo? Abafa-a dentro de ti.
ECLESIÁSTICO 19,5-8.10

UMA VEZ PERGUNTARAM a uma garotinha qual tinha sido a mensagem da missa naquele dia, e ela respondeu entusiasmada: "O padre disse que nós devemos ir e espalhar a fofoca!"[5] Infelizmente, essa parece ser a ideia que muitos de nós temos, pois em lugar de proclamar o Evangelho, frequentemente nos flagramos falando a respeito de outras pessoas de uma maneira crítica ou pouco caridosa. É desnecessário dizer que isso vai contra a vontade de Deus.

Uma pessoa que lutou com isso devido a suas responsabilidades foi São Gregório Magno, que teria preferido permanecer em um mosteiro, mas que foi eleito papa em 590. Em uma homilia, Gregório uma vez admitiu: "Em minha posição, devo frequentemente me comunicar com homens mundanos. Por vezes, solto minha língua, pois se for sempre severo em meus julgamentos, os mundanos me evitarão e nunca posso atacá-los como desejaria. Como resultado, com frequência escuto pacientemente muita conversa fiada. E porque sou fraco, me vejo arrastado pouco a pouco para essas conversas vãs e começo a falar livremente sobre assuntos que deveria ter evitado. O que antes me parecia tedioso, agora me dá gosto."

5 No original, há um jogo de palavras entre *Gospel* , "Evangelho", e *gossip*, fofoca. [NT]

Quase setecentos anos depois, o Beato Pedro de Sena, considerando a tagarelice uma de suas piores faltas, estava determinado a adquirir o hábito do silêncio, mas foram necessários 14 anos para atingir tal objetivo. São Sisões, um monge do século quarto, admitiu: "Há trinta anos que rezo diariamente para que meu Senhor Jesus possa guardar-me de dizer palavras vãs e, ainda assim, estou sempre falhando." Guardar-se contra a tagarelice maliciosa e daninha é um trabalho sem fim.

Muitos de nós provavelmente vemos a tagarelice como um aparente refúgio contra nossas próprias preocupações e responsabilidades. Há algo no fundo de nós que pensa: "Bem, eu tenho meus defeitos, mas pelo menos não sou tão ruim quanto *ele*," ou então "Graças a Deus não tenho os problemas *dela*." Mas a fofoca pode ser nociva e faríamos bem em seguir os conselhos do abade irlandês São Columbano, que escreveu:

> Os objetos mais valiosos são, em geral, os mais frágeis; as coisas caras exigem um cuidadoso manuseio. Particularmente frágil é aquilo que se perde pelo falar irresponsável e é destruído pela menor injúria de um irmão. Não há nada de que os homens mais gostem do que discutir e se meter na vida dos outros, trocando comentários supérfluos aleatoriamente e criticando as pessoas pelas costas. Então, aqueles que não podem dizer "O senhor me deu uma língua com discernimento, para que, com uma palavra, eu possa apoiar aquele que está exausto", deveria calar-se ou, se disser algo, deveria promover a paz.

Usar as palavras para promover a paz era algo que os santos sempre buscavam, pois eles sabem o mal que podem fazer as palavras impensadas. Quando era um jovem monge, por exemplo, São Patrício confiou a um de seus camaradas a vergonha que sentia por um pecado que havia cometido. Esse monge mais tarde revelou o segredo a outra pessoa, causando ao santo grande sofrimento e vergonha.

A tagarelice, mesmo quando não possui má intenção, pode causar danos à reputação de alguém e convencer aos outros que o tagarela não é digno de confiança; portanto, fazemos bem ao controlarmos nossas línguas. Uma regra simples a ser seguida é: em dúvida, não diga nada. Santo Arsênio uma vez afirmou: "Muitas vezes já me arrependi de ter falado, mas nunca de ter mantido a boca fechada."

Muitos de nós poderiam se beneficiar de um esforço para ouvir mais e falar menos, bem como para praticar a caridade em todas as nossas conversas. As orações dos santos podem nos ajudar, especialmente aquelas de São Peregrino Laziosi, o padre do século XII que passou mais de trinta anos praticando o silêncio e a solidão sempre que possível, e da Beata Helena de Udine, a viúva do século XV que, após tornar-se terciária dos Eremitas de Santo Agostinho, fez um voto de silêncio perpétuo e falou apenas nas noites de Natal a cada ano. Nós, é claro, não somos capazes de imitar esses santos em particular, mas suas orações, bem como as de toda a corte celeste, podem, certamente, nos ajudar a superar a tendência à tagarelice se assim o desejarmos.

PARA REFLETIR

> "Nunca diga na ausência do próximo o que você não diria em sua presença."
>
> SANTA MARIA MADALENA DE PAZZI

> "Gostaríamos que nossos próprios pecados ocultos fossem divulgados? Deveríamos, portanto, calar-nos a respeito dos pecados dos demais."
>
> SÃO JOÃO BATISTA DE LA SALLE

> "Santo Inácio dizia com frequência: 'Inácio, conquista-te a ti mesmo. Inácio, conquista-te a ti mesmo.' Que belo conselho! Aprenda a calar-se e, quando falar, que suas palavras sejam

suaves, amorosas e prudentes. Como agrada a Deus quando nos abstemos de palavras descuidadas, afiadas e ofensivas."
SÃO PAULO DA CRUZ

ALGO A SER TENTADO

De acordo com Santo Inácio de Loyola, há dois casos em que é permissível falar sobre os pecados de outra pessoa: quando eles são publicamente conhecidos e podem servir de exemplo para evitar que os demais pequem; e quando um pecado oculto é revelado a um terceiro com a expectativa razoável de que essa pessoa será capaz de ajudar o pecador. Sempre que você se sentir tentado a falar dos erros de alguém, pergunte a si mesmo se alguma dessas condições se aplica; caso a resposta seja negativa, permaneça em silêncio. Você também pode imitar o hábito de São Luís de Gonzaga; sempre que estava a ponto de falar com alguém, ele se preparava silenciosamente orando: "Ponde, Senhor, uma guarda em minha boca, uma sentinela à porta de meus lábios!" (Salmo 140,3).

Tente prevenir a fofoca. Pesquisas mostram que, ao contrário da crença popular, a fofoca não começa com um comentário negativo ou desfavorável sobre alguém. Na realidade, ela começa quando alguém apoia ou concorda com o comentário inicial. Se tal aceitação não é expressa, a conversa segue em outra direção. Assim, podemos ajudar a prevenir a fofoca ao nos recusarmos a seguir o comentário inicial de alguém, mudando de assunto em lugar disso. Por exemplo, quando alguém nos diz: "Você ficou sabendo do que aconteceu com fulano?"; responda: "Isso é horrível. Você rezou por ele?"; ou então: "Sinto muito, o que você acha que podemos fazer para ajudar?". É bom que formemos o hábito de substituir palavras inúteis (fofoca) por aquelas que ajudam os outros (oração). Como disse São João Maria Vianney: "Se algo pouco caridoso for dito em sua presença, fale algo a favor da pessoa ausente, saia do recinto ou, se possível, interrompa a conversa."

LEITURA ADICIONAL

Eclesiastes 3,1-7; Eclesiástico 19,10-11;
Mateus 12,34-37; Tiago 3,2-5.

Exercícios espirituais, de Santo Inácio de Loyola; *Introdução à vida devota*, de São Francisco de Sales.

***

Bem sei,
Deus e Pai Todo-poderoso,
que Vos devo algo em minha vida,
que é fazer com que todos os meus pensamentos
e palavras falem de Vós.
Na realidade, Vós me concedestes o dom da fala
e não há nada maior que ele possa fazer
do que ser posto a Vosso serviço.

SANTO HILÁRIO

XV - GANÂNCIA

[Disse Jesus:] "Guardai-vos escrupulosamente de toda a avareza, porque a vida de um homem, ainda que ele esteja na abundância, não depende de suas riquezas." LUCAS 12,15

CERTA VEZ, JESUS disse: "É mais fácil passar o camelo pelo fundo duma agulha do que um rico entrar no Reino de Deus" (Lucas 18,25); e aconselhou seus seguidores: "Fazei-vos amigos com a riqueza injusta, para que, no dia em que ela vos faltar, eles vos recebam nos tabernáculos eternos" (Lucas 16,9). Os Evangelhos — em particular o de São Lucas — enfatizam que os cristãos devem evitar tornar-se prisioneiros do desejo por riquezas. Em lugar disso, eles devem ser generosos ao compartilhar seus bens com os demais.

Assim, não nos surpreende que o Novo Testamento enalteça aqueles primeiros seguidores de Cristo que deixaram tudo para trás para segui-lo, em particular os apóstolos. São Barnabé vendeu sua fazenda e doou o dinheiro para a Igreja primitiva (Atos 4,36-37). Houve também muitas mulheres que seguiram Jesus e ajudaram a sustentá-Lo e a Seus seguidores, incluindo Santa Maria Madalena, Joana e Susana.

Um bom número de santos levou a sério o mandamento de Nosso Senhor, dirigido ao jovem homem rico: "Vai, vende tudo o que tens e dá-o aos pobres e terás um tesouro no céu. Depois, vem e segue-me." Essas foram as palavras que mudaram a vida de Santo Antão. Aos vinte anos, ele havia herdado os bens de seus pais, mas ao ouvir essa passagem dos Evangelhos lida em voz alta na igreja, ele providenciou para que tomassem conta de sua irmã mais nova, vendeu todo o resto, doou o dinheiro e foi para o deserto viver como eremita pelos oitenta anos seguintes.

Existem histórias famosas sobre alguns santos e a generosidade deles. Todos conhecem a lenda de São Nicolau, é claro; a fim de ajudar um homem pobre a conseguir um dote para suas três filhas, que, de outro modo, teriam seguido uma vida de prostituição para se sustentarem, o santo bispo de Myra supostamente lançou um saco de ouro na casa do homem em três ocasiões.

Igualmente bem-conhecida é a história de São Martinho de Tours, que viu um mendigo tremendo de frio na neve. Martinho cortou sua capa militar e deu metade ao pobre homem, que congelava. Aquela noite, ele teve um sonho em que Cristo lhe apareceu, vestindo a meia capa que ele tinha dado, e elogiou-o por sua generosidade.

Ainda outra história famosa envolve o diácono e mártir São Lourenço que, durante uma perseguição da Igreja em Roma, recebeu a ordem de reunir os bens da Igreja e entregá-los às autoridades. Em lugar disso, Lourenço doou-os todos e depois apresentou os pobres, as viúvas, os órfãos e os aleijados ao prefeito romano, dizendo: "Eis o tesouro da Igreja."

São Lourenço enxergou a verdade com clareza: as pessoas são mais importantes do que os bens materiais. Muitos de nós, no entanto, temos dificuldade em conseguir essa perspectiva; somos facilmente influenciados pelo desejo de riquezas e pelas vantagens terrenas que elas trazem, até o ponto de negligenciarmos ou retirarmos valor das pessoas que nos cercam. Intelectualmente, nós *sabemos* que o dinheiro nunca irá satisfazer nossas necessidades mais profundas. Como, porém, podemos deixar esse conhecimento moldar nossos desejos de uma maneira espiritualmente saudável?

Talvez uma imagem sugerida por São Bernardo de Claraval possa ser útil. Ele escreve: "Imagine que você veja um homem morrendo de fome dando grandes suspiros, enchendo suas bochechas de ar para aplacar a fome; você não diria que ele está louco? Pois tão louco quanto isso é acreditar que encher-se de bens terrenos pode satisfazer sua fome." Devemos nos recordar, quantas vezes sejam necessárias, que dedicar nossas vidas a algo que somente nos deixará sentindo-nos vazios e subnutridos espiritualmente é algo tolo e inútil. Tentar desenvolver esse tipo de perspectiva superior pode nos ajudar a evitar muitos enganos. Como notou Santo Afonso de Ligório: "Aqueles que não desejam nada deste mundo são mestres do mundo inteiro." Além disso, São Gregório Magno nos aconselha: "Não se sinta ansioso sobre o que você possui, mas sobre o que você é." Um espírito ganancioso é algo espiritualmente fatal, enquanto um espírito generoso nos permite estar preenchidos com a graça de Deus.

Nem todos os santos entenderam esta verdade a princípio; alguns deles, em lugar de serem naturalmente generosos, tiveram de superar problemas com a ganância. De fato, diversos santos utilizaram meios ilegais ou imorais para obter dinheiro antes de se tornarem verdadeiros seguidores de Cristo. São Moisés da Etiópia, nascido escravo no século IV e que trabalhou na casa de um funcionário do governo Egípcio, foi punido por sua má natureza e pelo hábito de roubar. Depois disso, Moisés escapou e tornou-se o líder de um bando de ladrões que aterrorizavam a área, mas após esconder-se das autoridades entre alguns eremitas no deserto do Egito, ele se converteu. Tendo descoberto a natureza espiritual da verdadeira riqueza, ele tornou-se monge e, mais tarde, foi martirizado como bispo.

Outro criminoso que se tornou santo foi Pedro Armengol, na Espanha do século XIII. Devido a uma vida familiar difícil, ele fugiu e uniu-se a um grupo de bandidos; no entanto, enquanto seus companheiros estavam roubando um grupo de viajantes, Pedro reconheceu seu próprio pai e implorou para que eles fossem perdoados. Pedro entrou na Ordem de Nossa Senhora das Mercês, que buscava resgatar cativos cristãos dos muçulmanos. Em uma ocasião, ele entregou-se a si mesmo como refém para libertar dezoito jovens, e apesar de ter sobrevivido à tortura e a uma tentativa de enforcamento, ele veio mais tarde a morrer em decorrência de tais ferimentos.

Ainda outra ladra que virou santa foi Santa Joana Delanoue, apesar de, em sua ganância, ela ter tentado ganhar dinheiro de maneira um tanto mais dentro da lei. No fim do século XVII, Joana herdou a loja de artigos religiosos de seus pais e, preocupada com ganhar dinheiro, ela cobrava preços abusivos de seus fregueses, chegando mesmo a manter a loja aberta aos domingos. Após sua conversão, no entanto, Joana passou a se preocupar mais em gastar dinheiro com os pobres do que em ganhá-lo para si mesma, substituindo assim sua avareza por uma grande generosidade.[6]

A história clássica do ladrão arrependido é, claro, a de São Dimas, o "bom ladrão", que foi crucificado por roubar bens terrenos que obteve a riqueza celestial com um simples pedido (Lucas 23,39-43). Que nós possamos, da mesma maneira, dominar nossa ganância a fim de nos tornarmos verdadeiramente ricos.

PARA REFLETIR

> "Suas posses não devem possuir a você; o que quer você tenha, deve estar sob o poder de sua alma, pois se alma é sobrepujada pelo amor dos bens deste mundo, ela estará totalmente à mercê de suas posses. Em outras palavras, fazemos uso das coisas temporais, mas nossos corações estão fixados nas coisas eternas. Os bens temporais nos ajudam em nosso caminho, mas nosso desejo deve estar naquelas realidades eternas que são nosso objetivo."
>
> SÃO GREGÓRIO MAGNO

> "Há uma enorme diferença entre possuir veneno e ser envenenado. Os médicos possuem todo tipo de venenos para seu uso, mas não se envenenam. Da mesma maneira, você pode possuir riquezas sem ser envenenado por elas..."
>
> SÃO FRANCISCO DE SALES

6 Ver também o capítulo III, "Dificuldades nos negócios."

> "As riquezas terrenas são como o junco. Suas raízes afundam-se no pântano e seu exterior é belo de se contemplar, mas por dentro, ele é oco. Se um homem se apoia em tal junco, ele se partirá e lhe perfurará a alma, que será levada ao Inferno."
> SANTO ANTÔNIO DE PÁDUA.

ALGO A SER TENTADO

Lembre-se de que nada do que você possui é verdadeiramente seu, mas lhe é dado por Deus para seu benefício e dos demais. Em sua autobiografia, Santa Teresinha do Menino Jesus escreveu sobre sentir-se ofendida quando viu alguém repetir um comentário espirituoso que ela havia feito sem lhe dar o devido crédito. Afinal, disse ela: "Há certos movimentos da mente e do coração, pensamentos profundos, que formam um tesouro todo seu. Ninguém mais, é o que sentimos, tem direito a mexer com ele." No entanto, ao refletir mais, Teresa deu-se se conta de que: Se uma ideia me ocorre, e digo algo que é bem recebido pelas outras irmãs, porque elas não deveriam adotar isso como seu? Me parece bastante natural; essa ideia não pertence a mim, e sim ao Espírito Santo... Pensar que tais pensamentos me pertencem seria cometer o mesmo erro do asno carregando as relíquias, que pensava que toda a reverência demonstrada aos santos era para seu próprio benefício."

Uma boa maneira de neutralizar a ganância é praticar alguma forma de generosidade, e todos temos a oportunidade de fazê-lo. De acordo com São Leão Magno, "Não há prática mais proveitosa como acompanhante do santo e espiritual jejum do que a distribuição de esmolas. Isso abarca sob o único nome de misericórdia muitas excelentes obras de devoção, de maneira que as boas intenções de todos os fiéis possam ser de igual valor, mesmo quando seus meios não o são... As obras de misericórdia são inumeráveis. Sua variedade carrega esta vantagem aos verdadeiros cristãos, a saber que na questão da distribuição de esmolas, não apenas os ricos, mas também os de riqueza mediana e os pobres podem desempenhar seu papel. Os desiguais em sua capacidade de dar podem ser iguais no amor de seus corações."

LEITURA ADICIONAL

Provérbios 19,22; 1 Timóteo 6,9-10;
Hebreus 13,5.

História de uma alma, de Santa Teresinha do Menino Jesus; *Introdução à vida devota*, de São Francisco de Sales;
A prática do amor a Jesus Cristo, de Santo Afonso de Ligório.

***

Senhor,
ensinai-me a ser generoso,
ensinai-me a Vos servir como mereceis,
ensinai-me a dar sem olhar os custos,
ensinai-me a lutar sem levar em conta os ferimentos,
ensinai-me a trabalhar sem buscar o descanso,
ensinai-me a labutar sem buscar recompensa,
exceto a de saber que faço a Vossa vontade.

SANTO INÁCIO DE LOYOLA

XVI - LUTO

O Cordeiro, que está no meio do trono, será o seu pastor e os levará às fontes das águas vivas; e Deus enxugará toda lágrima de seus olhos. APOCALIPSE 7,16

Se você está sofrendo pela perda de um ente querido e sabe que ninguém é capaz de assumir o lugar daquela pessoa, há poucas palavras que podem consolá-lo. No entanto, com a graça de Deus, o apoio dos que o amam e a passagem do tempo, você atravessará esse período de dor. A felicidade retornará à sua vida; enquanto isso, pode lhe servir de consolo saber que muitos santos sofreram como você. Tais santos, que conheceram o amor de Deus de uma maneira maravilhosa e que acreditavam na vida eterna de todo o coração, mesmo eles tiveram de lutar com seus próprios sentimentos humanos de luto.

Considere Nossa Senhora. Maria sofreu a viuvez; não sabemos exatamente quando São José faleceu, mas, devido ao amor perfeito que compartilhavam e porque sabia que as portas do Céu ainda não estavam abertas, deve ter sido uma experiência dilacerante para ela. Algum tempo depois, seu Filho partiu de casa para começar Seu ministério público.

Um evento do início da vida pública de Cristo mostra a perfeita aceitação dos planos de Deus por parte de Maria. Nas bodas de Caná, Maria notou que o vinho estava se acabando e trouxe isso à atenção de Jesus, dando a entender que Ele poderia resolver o problema. Nosso Senhor respondeu: "Mulher, isso compete a nós? Minha hora ainda não chegou" (João 2,4). A mensagem subentendida era: "Mãe, se eu fizer este primeiro milagre, nossa privacidade e nosso tempo juntos se acabarão. As pessoas falarão e não pertencerei inteiramente a ti, mas ao mundo. É isso o que queres? Estás pronta para tal sacrifício?" Maria entendeu o que dizia seu filho e deu sua resposta aos serventes: "Fazei o que ele vos disse" (João 2,5) Ela indicou sua disposição a fazer esse sacrifício, um sacrifício que terminou, como ela o sabia, com a Cruz. Nas palavras de um hino do século XIII, *Stabat Mater*: "Cuja alma que gemia/Aflita e em dor/A espada atravessou", a espada de dor, que, 33 anos antes, Simeão havia previsto que perfuraria o coração de Nossa Senhora (Lucas 2,35).

Apesar de nenhum luto poder ser comparado ao de Maria, muitos outros santos beberam do cálice da dor. Por exemplo, a primeira santa nascida nos Estados Unidos, Santa Isabel Ana Seton, teve um casamento feliz durante 11 anos, mas então o negócio de seu marido foi a falência, ele contraiu tuberculose e morreu; além disso, devido a sua conversão ao catolicismo (ela havia sido criada na Igreja anglicana), sua família e muitos amigos rejeitaram-na. A santa foi capaz de perseverar valendo-se da fortaleza do Senhor e confiando na promessa das Escrituras: "Deus é fiel: não permitirá que sejais tentados além das vossas forças" (1 Coríntios 10,13).

Outra santa a experimentar um luto intenso como viúva aos vinte anos foi Santa Isabel da Hungria, uma princesa cujo marido morreu ao participar de uma Cruzada. Ao ser informada da morte de seu marido, a santa teria dito: "O mundo morreu para mim, e tudo de agradável que nele havia", para em seguida correr pelo castelo gritando de forma histérica. Como sua contraparte norte-americana, Santa Isabel Ana Seton, a princesa húngara não encontrou apoio em seus parentes; a família de seu marido ressentia-se de seus gastos de dinheiro com os pobres e — de acordo com a lenda — seu cunhado forçou a ela e a seus filhos a deixar o castelo no auge do inverno. Ela também encontrou forças para carregar a cruz no amor de Cristo, apesar de ter sido muito difícil a princípio.

Um luto terrível foi também a experiência de Santa Paula, no século IV, viúva, com cinco filhos, aos 32 anos de idade. De fato, registra-se que seu luto foi quase excessivo; ela começou a superá-lo apenas quando Santa Marcela — ela mesma viúva — finalmente convenceu-a que o Senhor a estava chamando para passar o restante de sua vida servindo-O. Paula e Marcela tornaram-se importantes amigas e benfeitoras do grande erudito São Jerônimo, que mais tarde ajudou Paula a superar a morte súbita de sua filha mais velha, Santa Blesila. Jerônimo escreveu uma carta para consolá-la, mas ele também repreendeu-a gentilmente por seu luto excessivo voltado para alguém cuja morte era, na realidade, a entrada na vida celestial.

Outros santos sofreram dores intensas, incluindo Santa Francisca Romana, que perdeu o marido após quarenta anos de casamento (durante os quais, dizia-se, eles nunca discutiram); Santa Margarida da Escócia, que estava em seu próprio leito de morte quando seu marido e seu filho mais velho foram traiçoeiramente mortos por inimigos, apressando assim seu falecimento. São Paulino de Nola, que sofreu juntamente com sua mulher pela morte de seu bebê (que, por sua vez, havia sido a resposta a suas orações, após muitos anos de casamento sem filhos); os dois, então, responderam à essa tragédia dedicando suas vidas a Deus. Santo Estêvão da Hungria, cujo filho Santo Emérico — cuidadosamente preparado por Estêvão para sucedê-lo como rei — morreu em um acidente durante uma caçada; São Gerlachus de Valkenburg, que renunciou ao mundo e viveu como eremita após a trágica morte de sua jovem esposa; Santa Oportuna, que morreu de pesar após o assassinato de seu irmão bispo; Santa Brígida, cuja própria morte foi apressada pelo pesar que sentia por seu filho, que morreu após uma vida dissoluta. Santa Joana de Chantal, que perdeu diversos filhos, o marido e seu grande amigo, São Francisco de Sales; e Santa Clotilda, mulher do rei franco Clóvis, cujo luto pela morte do marido foi aumentado quando seus três filhos combateram pela herança real, um conflito tão intenso que um deles assassinou dois netos de Clotilda.

Por vezes, a morte de alguém querido — por mais dolorosa que seja — marca o começo de uma nova etapa na vida, em que nossa vocação é significativamente alterada. Por exemplo, no século sexto, Santo Hormisda tinha um casamento feliz, contudo, após a morte de sua esposa ele tornou-se padre e foi eleito papa em 514. (Seu filho, São Silvério, mais tarde também se tornou papa.)

O luto também pode ser um ímpeto para uma mudança no coração ou para uma conversão moral. No século VII, São Bavão havia sido um proprietário de terras rico, porém imoral, mas após a morte de sua esposa, ele se arrependeu de seus pecados e passou a vida em penitência. (Em uma ocasião, Bavão encontrou um homem que ele tinha vendido como escravo anos antes; em reparação, o santo fez com que o homem o levasse acorrentado para a prisão da cidade.)

A tarefa de lidar com o luto frequentemente exige que busquemos novas maneiras de servir a Deus e ao próximo. No século VI, Santa Monegundes passou por um luto arrasador quando suas duas filhas morreram. Como o luto prolongava-se, a santa — em um momento de discernimento — temeu estar se tornando demasiado autocentrada e em risco de negligenciar seus deveres para com Deus. A oração sugeriu um remédio: com a permissão de seu marido, ela devotou-se inteiramente ao Senhor, fechando-se em uma cela simples e vivendo ali uma vida de penitência e solidão.

A Beata Teresa Grillo Michel utilizou uma abordagem diferente no século XX. Ela se casou aos 22 anos, mas, 14 anos depois, seu marido morreu de insolação. Teresa passou por um longo período de luto; leituras espirituais e o amor e apoio de sua família ajudaram-na a se recuperar. Ela começou a buscar outras pessoas que precisavam de ajuda e terminou fundando uma nova ordem religiosa na Itália: a Congregação das Irmãs da Divina Providência.

Os santos encontraram um certo consolo em servir; ou seja, ao responder às necessidades dos demais, eles perceberam que era mais fácil suportar sua própria tristeza. Não é prudente (e frequentemente é impossível) começar algo assim cedo demais após a morte de um ente querido, em especial um cônjuge; o luto deve ser admitido, e isso leva tempo (para muitas pessoas, um ano ou mais). Tampouco é prudente tomar decisões importantes no período de luto. Depois de trabalhá-lo, no entanto, é frequentemente útil envolver-se em algum tipo de serviço. Isso agrada a Deus e permite que Ele abençoe e apoie a pessoa de outras maneiras.

Uma resposta sadia ao luto requer uma disposição para confiar em Deus e para seguir em frente, um dia de cada vez. Porque Deus é o autor da vida, Ele não apenas é capaz de nos reunir na alegria de Seu reino com os nossos entes queridos que faleceram, mas também de nos ajudar a encontrar sentido e valor na vida, mesmo em meio a uma dor profunda.

A morte pode causar grandes dores e tristeza, não necessariamente para aquele que morre, mas para aqueles que ficam para trás. No entanto, nossa Fé cristã nos ensina que o luto e a separação daqueles que amamos podem ser apenas temporários. Esse foi o tema de uma carta escrita por São Luís de Gonzaga para sua mãe pouco antes de morrer vitimado pela peste, aos vinte e três anos de idade: "Nossa separação não durará muito tempo; nos encontraremos outra vez no Céu; estaremos unidos a nosso Salvador. Lá, nós o louvaremos de todo o coração, cantaremos para sempre Sua misericórdia e desfrutaremos da felicidade eterna. Quando Ele nos toma o que nos emprestou, seu propósito é guardar nosso tesouro em outro lugar, mais seguro, e dar-nos aquelas bênçãos que nós mesmos mais desejaríamos receber."

Isso é, de fato, parte da Boa-nova: a morte e a dor existem de verdade, mas para aqueles que têm fé em Jesus, elas serão substituídas pela vida e pela alegria eternas.

PARA REFLETIR

> "Deixe que seu entendimento fortaleça sua paciência. Com serenidade, busque a alegria que se segue à tristeza."
>
> SÃO PEDRO DAMIÃO

"Quando da morte de familiares, em lugar de perder nosso tempo com lágrimas sem sentido, devemos usá-lo para orar por suas almas e oferecer a Jesus a dor que sentimos por tê-los perdido."
SANTO AFONSO DE LIGÓRIO

"Quando encomendares teu filho à Divina Majestade, diga simplesmente a Ele: 'Senhor, encomendo-Te o fruto do meu ventre, sim, mas ainda mais a criança nascida das profundezas da Tua misericórdia; nascida do meu sangue, sim, mas renascido do Teu.' E deixa por isso."
SÃO FRANCISCO DE SALES (a uma mulher cujo filho havia falecido)

ALGO A SER TENTADO

Uma vez perguntaram ao Beato Arnoldo Jules Rèche: "Como podemos reduzir nossas tristezas?" Ele respondeu: "Bem, acima de tudo, não pensem muito nelas. Esqueçam as de ontem, elas não existem mais. Não pensem nas de amanhã, Deus se ocupará delas. As tristezas de hoje são o suficiente!" Por vezes é difícil manter essa atitude, mas o esforço vale a pena. Se nunca deixamos a dor passada para trás, ela pode nos esmagar. Se necessário, devemos pedir ao Senhor para nos libertar das tristezas passadas e acreditar que Ele nos ajudará a suportar os fardos do presente.

Não tente suportar toda sua tristeza sozinho; aceite ofertas de ajuda das pessoas que o amam e, quando sentir-se pronto, convites de amigos e conhecidos. Não tenha medo de buscar ajuda quando a tristeza e a solidão se tornarem insuportáveis. Deus quer e espera que estejamos presentes uns para os outros em tais momentos. Quase todas as comunidades possuem algum grupo de ajuda para quem está sofrendo; sua paróquia (ou a funerária local) pode lhe ajudar com tais informações, bem como com panfletos e outros materiais sobre a dor da perda. O luto é necessário; suportar tamanho fardo sozinho quando há ajuda disponível não é algo sadio ou prudente.

A Virgem Maria tornou-se viúva quando São José morreu, de modo que ela tem uma preocupação especial para aqueles que perderam seus cônjuges. Muitos viúvos e viúvas encontraram consolo e força ao pedir sua intercessão e ao buscar seu cuidado maternal. Além de pedir para que missas sejam celebradas em sua paróquia pelo seu cônjuge, pergunte quais devoções a Nossa Senhora a paróquia oferece e faça o máximo que puder para participar delas.

Aprenda a agradecer a Deus em sua dor. Em seu leito de morte, Santa Bartolomea Capitanio, apesar de apenas na casa dos vinte anos, consolou sua mãe, dizendo: "Você sabe que todos têm de morrer. Se eu vivesse por mais quarenta anos, ainda assim teria de morrer. Este é o momento em que Deus, em Sua misericórdia, deseja receber-me no Paraíso. Não se entristeça por minha morte, em vez disso agradeça a Deus." É possível agradecer a Deus enquanto se sofre, e suas orações pelos entes queridos que faleceram podem ser uma fonte de consolo. Se isso ajudar, fale com eles (algo que muitas pessoas fazem nos cemitérios) ou escreva-lhes uma carta, ou imagine-os em perfeita glória e felizes na presença de Deus. Finalmente, lembre-se disso: a sua separação é temporária, mas, por meio de Cristo, o amor que vocês compartilharam permanecerá para sempre.

LEITURA ADICIONAL

Salmo 126,5-6; Lamentações 3,17-25; João 16,20;
Deuteronômio 24, 17-19; Eclesiástico 35,14;
Zacarias 7,10; Marcos 12,41-44.

Confissões, de Santo Agostinho;
Introdução à vida devota, de São Francisco de Sales

***

Senhor Jesus Cristo,
Vós sofrestes a perda de Vosso amado pai de criação, São José,
Vós chorastes a morte de vosso amigo Lázaro,
e, de vossa Cruz, vistes o sofrimento de Vossa Mãe, Maria.
Vigiai por mim em meu luto, e tocai meu coração ferido.
Dai as boas-vindas em Vosso Reino
a todos os meus entes queridos que faleceram
e ajudai-me a entregá-los a Vosso amor misericordioso.
Concedei-me paz em meio ao sofrimento,
coragem em meio à perda e esperança em meio à tristeza.
Dai-me a coragem de que necessito para chegar ao dia seguinte.
Ajudai-me a recordar que nunca me abandonareis,
que nunca me esquecereis,
e que me ajudareis a atravessar este tempo de sofrimento e provação.
Eu Vos ofereço minhas lágrimas e meu coração ferido;
recebei-os com suavidade.
Amém.

XVII - CULPA

Eu disse: "Sim, vou confessar ao Senhor a minha iniquidade."
E Vós perdoastes a pena do meu pecado.

SALMO 31,5

NÃO IMPORTA o quão terrível sejam seus piores pecados, não importa o quanto você se arrependa de suas ações, não importa o quanto você sinta pelo que fez, é altamente improvável que seu sentimento de culpa possa começar a se comparar com o do santo medieval conhecido como São Juliano, o Hospitalário.

De acordo com a lenda, Juliano era um jovem nobre que partiu de casa em busca da fortuna. Em recompensa por seus serviços fiéis e corajosos a um príncipe, ele recebeu em casamento uma jovem e rica viúva, e foi autorizado a tomar posse de suas terras e de seu castelo. Uma noite, Juliano voltava para casa e, na escuridão, viu os contornos de duas pessoas em sua cama. Pensando no pior, que havia pego a esposa em um ato de infidelidade, ele desembainhou a espada e matou a ambos. Então, para seu total horror, Juliano descobriu que, na realidade, havia matado sua própria mãe e seu próprio pai. Eles tinham vindo em busca do filho havia muito perdido, e a esposa de Juliano permitira que descansassem na cama do marido até que esse retornasse.

Juliano entrou em desespero com o que tinha feito e jurou solenemente que não descansaria até ter certeza de que Deus perdoara seu ato terrível e impetuoso. Depois disso, Juliano e sua esposa partiram de sua casa e viajaram até as margens de um grande rio, onde construíram um refúgio para os pobres e para os viajantes. A partir de então, eles cuidaram dos doentes, dos necessitados e dos mendigos, oferecendo abrigo a todos os que passavam. Depois de muitos anos, o santo casal cuidava um dia de um leproso que, antes de partir, voltou-se para o santo e disse: "Juliano, Nosso Senhor me enviou para dizer-lhe que aceitou sua penitência." Logo depois, São Juliano e sua esposa morreram em um estado de grande graça e paz.

Deus perdoa nossos pecados e nos liberta de nossas culpas. Quando realizamos atos terríveis de maneira deliberada e com pleno conhecimento, ou quando simplesmente agimos precipitadamente, como São Juliano, nossa consciência nos atormenta. É assim que deve ser, pois é essa culpa por nossos pecados que nos impele a buscar a reconciliação com Deus.

É possível dizer que a culpa presta os mesmos serviços a nosso espírito que a dor a nosso corpo. A dor física nos força a parar de fazermos algo que poderia nos causar um dano permanente, como por exemplo retirar nossa mão da superfície quente do fogão. A dor também nos alerta para perigos de saúde; por exemplo, a dor no peito pode indicar o início de um ataque cardíaco, permitindo que busquemos tratamento médico. Sentir dor é, na maior parte das vezes, a maneira do corpo gritar que as coisas não estão como deveriam e de nos forçar a lidar com a situação. O mesmo papel é desempenhado pela culpa com relação a nossas almas. Uma consciência culpada nos alerta para o fato de que fizemos algo moralmente errado — algo que está prejudicando ou impedindo nosso crescimento pessoal e espiritual — e, a menos que a ignoremos ou a sufoquemos, ela nos força a admitir nossa culpa e a pedir perdão a Deus. Esse é um exemplo de culpa sadia, quer dizer, da culpa que devemos sentir, funcionando da maneira devida.

Existe também uma culpa insalubre, em que nossa consciência nos condena por um pecado (real ou imaginário), mas não nos conduz à busca da reconciliação com Deus ou, caso roguemos honestamente a Deus por Seu perdão, não nos permite acreditar que estejamos realmente perdoados. Uma vez que a culpa nos tenha levado a buscar o perdão de Deus de maneira humilde e sincera, ela já terá cumprido seu papel e não será mais necessária ou apropriada. Da mesma forma que buscamos, corretamente, meios de nos livrar da dor física após termos recebido e atendido a mensagem que nosso corpo nos enviava, também devemos ser capazes de nos livrarmos da dor espiritual (culpa) uma vez que tenhamos respondido a ela da maneira que deseja Deus. Para os católicos, essa resposta pode incluir receber o sacramento da Reconciliação, além de rogar o perdão de Deus em nossas orações privadas.

Escrupulosidade é um tipo de culpa insalubre, um medo recorrente e irracional de que, a despeito de cuidadosos esforços para seguirmos a lei moral e os ensinamentos da Igreja, não somos verdadeiramente capazes de agradar a Deus ou de receber o completo perdão por nossos pecados.

Alguns santos sofreram com a escrupulosidade, atormentados por severas dúvidas acerca da misericórdia de Deus ou de sua própria fidelidade ao atender a Seu chamado, ou ambos. São Drogo, um órfão do século XII, soube aos dez anos que sua mãe tinha morrido em seu parto. O menino foi tomado pela culpa e passou a imaginar a si mesmo como um assassino. Apesar de tal crença ser totalmente irracional, Drogo frequentemente chorava de remorso e implorava o perdão tanto de Deus quando de sua falecida mãe. Apenas gradualmente ele aprendeu a confiar na misericórdia do Senhor.

Um dos grandes teólogos morais da Igreja, Santo Afonso de Ligório, enfatizou continuamente a necessidade de confiar na misericórdia de Deus. Em consequência, ele acreditava firmemente que os pecadores deveriam ser tratados com paciência e moderação, em lugar de ameaçados ou condenados. (Essa abordagem pastoral é particularmente valiosa ao lidar com os escrupulosos, pois eles já creem na Justiça Divina; o que, com frequência, lhes falta é uma crença prática, experiencial, na Misericórdia Divina.) Ironicamente, o próprio Santo Afonso sofreu um ataque de escrupulosidade durante os últimos dezoito meses de sua vida, mas, com a ajuda da graça de Deus, ele foi capaz de falecer em paz.

Um luta no leito de morte contra a escrupulosidade, por vezes, representa o ataque final de Satanás contra alguém, cuja vida foi passada a serviço de Deus. No ano de 806, justo antes de sua morte, São Tarásio, Patriarca de Constantinopla, supostamente entrou em um transe no qual se defendia de acusadores invisíveis. A experiência estava deixando-o extremamente agitado, até que, por fim, uma profunda paz o invadiu, permitindo-lhe morrer com um belo sentido de serenidade e alegria.

O Beato Sebastião Valfre sofria de uma terrível desolação espiritual e foi tentado a crer que Deus o havia abandonado, chegando a temer haver perdido a fé e acreditando estar destinado ao Inferno. No entanto, ele manteve a alegria exterior e também recebeu, ao final, a felicidade de uma boa morte.

A alegria é uma resposta sábia a um ataque de escrúpulos, pois ela não apenas nos ajuda a manter as coisas sob uma perspectiva mais sadia, mas pode também representar — em face de nossos medos e preocupações — um ato de confiança em Deus. São Filipe Néri, um sacerdote conhecido por seu espírito alegre, costumava dizer a seus penitentes excessivamente preocupados: "Deixai algo para os anjos." Esse bom conselho, que também pode nos servir, significa que podemos confiar alguns de nossos problemas, medos e preocupações ao nosso anjo da guarda; não precisamos assumir o controle ou a responsabilidade por tudo. São Paulo da Cruz aconselha: "Não tente tornar-se perfeito com suas próprias forças. Quando você for humilde o bastante, Deus lhe dará tudo."

A humildade é essencial quando se luta contra a escrupulosidade, pois, como nos alerta Santo Afonso de Ligório, uma consciência perturbada interfere no bom julgamento e, em nosso orgulho, podemos ser facilmente confundidos por nossas próprias ideias equivocadas a respeito do que Deus quer de nós. Em lugar disso, Afonso diz: "Só existe um caminho: seguir em frente em obediência cega."

Como regra geral, os santos não eram vítimas de culpas insalubres ou de escrupulosidade; eles compreendiam que, apesar de serem pecadores, Cristo veio para salvar os pecadores. Muitos deles, no entanto, desenvolveram tamanho horror ao pecado a ponto de realizar atos de penitência por si e pelos demais, ou consideraram a si mesmos profundamente indignos de atos religiosos ou de honrarias que os demais viam como comuns. São Francisco de Assis, por exemplo, escolheu permanecer como irmão leigo, não consentindo ser ordenado sacerdote, pois — mesmo como uma das pessoas mais santas da história — considerava-se terrivelmente indigno de tal honra.

No século IV, uma prostituta convertida chamada Santa Taís retirou-se para o deserto com o objetivo de passar a vida em penitência; mesmo tendo sido completamente perdoada por Deus, ela não ousava pronunciar Seu nome, acreditando que seus lábios e sua língua eram indignos de fazê-lo. Em lugar disso, ela frequentemente rezava: "Oh, Tu que me criaste, tem piedade de mim!"

Satanás, é claro, quer nos fazer sentir profundamente indignos de Deus — tão indignos que, ao contrário de Santa Taís e de todos os demais santos, nunca ousemos buscá-lo para pedir Seu perdão. Há uma lenda que diz que Santo Antonino, bispo de Florença, viu uma vez o Demônio pairando sobre um homem cuja confissão ele estava prestes a ouvir. Antonino perguntou: "O que fazes aqui?", ao que o espírito maligno, de maneira surpreendente, respondeu: "Estou fazendo uma restituição." Quando Antonino manifestou sua descrença de que o Demônio pudesse realizar qualquer restituição, o Diabo insistiu: "Sim, eu quis conduzir este homem ao pecado e retirei dele a vergonha; agora que se trata de uma questão de Confissão, eu a estou restituindo!"

A vergonha e o orgulho são simplesmente duas faces da mesma moeda. Jesus nos conclama a deixarmos de lado nosso orgulho e, com toda a honestidade e humildade, retornarmos a Ele. Os santos sempre foram capazes de fazê-lo, e esse deve ser nosso objetivo. Como notou São João Maria Vianney: "Deus é mais rápido em perdoar um pecador arrependido do que uma mãe em retirar seu filho do fogo." Uma mensagem igualmente tranquilizadora nos é dada por Santa Teresinha do Menino Jesus: "Se minha consciência estivesse carregada com todos os pecados que é possível cometer, eu ainda me atiraria nos braços do Senhor, meu coração quebrado em contrição. Sei a ternura que Ele sente por cada filho pródigo que retorna ao lar."

Crescer em santidade e estar espiritualmente pronto para o julgamento divino requer não apenas que admitamos nossos pecados mas, e isso é ainda mais importante, que confiemos também na disposição de Deus para nos perdoar. São João Crisóstomo nos alerta: "Sofrer em excesso por erros pelos quais responderemos não é seguro nem necessário. Na realidade, é mais provável que se trate de algo prejudicial ou até mesmo destrutivo." Em lugar de chafurdarmos em nossa culpa, devemos nos voltar para Deus com confiança. De acordo com São Francisco de Sales: "O passado deve ser abandonado à misericórdia de Deus, o presente à nossa fidelidade e o futuro à Divina Providência."

São Nicolau Tolentino, frade do século XIII, demonstrou tal confiança, pois em seu leito de morte ele ecoou as palavras de São Paulo: "De nada me acusa a consciência; contudo, nem por isso sou justificado" (1 Coríntios 4,4). Somente Deus é nosso juiz, mas se nossa consciência bem formada não nos acusa, e se honestamente tentamos amar a Deus e nosso próximo, não precisamos nos aproximar de Deus com culpa e temor. Nosso Pai nos ama e convida a mesma resposta de nossa parte. Como nos dizem as Escrituras: "O amor perfeito lança fora o temor" (1 João 4,18).

PARA REFLETIR

> "A contrição dita 'imperfeita' (ou 'atrição') é, também ela, um dom de Deus, um impulso do Espírito Santo. Nasce da consideração da fealdade do pecado ou do temor da condenação eterna e das outras penas de que o pecador está ameaçado (contrição por temor). Um tal abalo da consciência

pode dar início a uma evolução interior, que será levada a bom termo sob a ação da graça, pela absolvição sacramental. No entanto, por si mesma, a contrição imperfeita não obtém o perdão dos pecados graves, mas dispõe para obtê-lo no sacramento da Penitência."

CATECISMO DA IGREJA CATÓLICA, parágrafo 1453

"Não continue a viver em seus pecados passados. Se os pensamentos vierem, humilhe-se gentilmente perante Deus, bata no peito e ponha de lado esses pensamentos como se fossem tentações. As perturbações que surgem, os medos no momento da morte, as dúvidas que você tem, tudo é do Demônio. Tenha bom coração. Deus lhe perdoou."

SÃO PAULO DA CRUZ

"Se você ofender ou ferir a Cristo pecando gravemente, tão logo ofereça a Ele uma flor de arrependimento ou uma rosa de confissão sincera, Ele imediatamente perdoa suas ofensas, seus pecados e apressa-se para abraçá-lo e beijá-lo."

SANTO ANTÔNIO DE PÁDUA

"É moralmente impossível que uma vontade cujas boas intenções tenham sido testadas por um longo tempo possa, subitamente, alterar-se e consentir em um pecado mortal sem dar-se conta disso. O pecado mortal é um monstro tão horrendo que ele não pode entrar em uma alma que há muito o detesta sem o pleno conhecimento de tal alma."

SANTO AFONSO DE LIGÓRIO

(Portanto, se você não tem certeza se cometeu um pecado sério ou mortal, tenha certeza que não o fez.)

ALGO A SER TENTADO

Aprenda com Santo Inácio de Loyola uma maneira eficiente de lidar com a culpa. Em seu "Método para fazer um exame de consciência geral", ele sugere os seguintes passos:

a) dê graças a Deus pelos favores recebidos;

b) peça a graça de conhecer seus pecados e livrar-se deles;

c) peça contas de sua alma desde o momento em que você acordou. Repasse hora por hora, um período após o outro. Examine primeiro seus pensamentos, depois suas palavras e, finalmente, seus atos;

d) peça perdão a Deus por suas faltas;

e) resolva corrigir-se com a graça de Deus

f) encerre com um Pai-nosso.

Em uma ocasião, São Felipe Benizi foi atacado por uma multidão liderada por um jovem, mas naquela mesma noite o arrependido rapaz veio a ele implorou seu perdão. Em resposta ao pedido do jovem por orientação, São Felipe lhe disse: "Volte para casa e livre-se de seus vícios e de seu egoísmo. Pratique a honestidade, a pureza e a humildade. Ouça a voz de sua consciência e faça o que Deus o conduzir a fazer. Não será fácil, mas reze. O Senhor está com você." Após confessarmos nossos pecados, o esforço sincero de seguir tal conselho nos ajudará a superar qualquer sentimento de culpa que permaneça. Afinal, isso funcionou para o agressor de São Felipe: ele é conhecido como São Peregrino Laziosi.

Santa Teresa de Ávila nos recorda que o Demônio tentará incomodá-lo sugerindo-lhe mil falsos medos ou acusando-o de ser indigno das graças que você recebe. Ele quer distraí-lo e até mesmo enganá-lo para levá-lo a ignorar ou deixar de lado as graças que Deus lhe deu. Santa Teresa aconselha simplesmente a permanecer alegre e fazer o possível para ignorar as importunações do Demônio. Se for necessário, ria do absurdo da situação: Satanás, o máximo do pecado, acusando a *você* de indignidade! Além disso, como diz o ditado: "Quando o Diabo lhe recordar de seu passado, recorde-o de seu futuro!"

LEITURA ADICIONAL

Provérbios 28,1; Salmo 51,1-9; Isaías 1,18;
Salmo 34,6; Romanos 5,8-9; Tobias 13,6;
Sabedoria 12,18-19; Neemias 9,17;
Salmo 130,3-4, João 3,17; Romanos12,1-2.

Espelho da Virgem, de São Boaventura;
O diálogo, de Santa Catarina de Sena;
Introdução à vida devota, de São Francisco de Sales;
Exercícios espirituais, de Santo Inácio de Loyola;
O caminho da perfeição, de Santa Teresa de Ávila;
A prática do amor a Jesus Cristo, de Santo Afonso de Ligório.

***

Senhor,
a casa de minha alma é estreita
alargai-a, para que possais entrar.
Ela está em ruínas, reparai-a!
Ela incomoda a Vossa vista;
sei disso e o confesso.
Mas quem irá limpá-la?
Para quem gritarei senão para Vós?
Limpai-me de minhas faltas secretas, Senhor,
e poupai Vosso servo de pecados estranhos.
Amém.

SANTO AGOSTINHO

XVIII - DOENÇAS

Depois do pôr do sol, todos os que tinham enfermos de diversas moléstias lhos traziam. Impondo-lhes a mão, os sarava. LUCAS 4,40

Pregar aos doentes e aos que sofrem é uma parte importante do ministério global da Igreja. Muitos santos demonstraram um verdadeiro amor cristão ao cuidar dos doentes. Entre eles estavam o Beato André Bessette, o irmão religioso canadense cujas orações e visitas aos doentes tinham a fama de fazer milagres; São João de Deus, que, após sua conversão de uma vida de pecado, fundou um hospital e hoje é considerado o patrono dos enfermeiros e dos doentes; São Lucas, mencionado nas Escrituras como o "caríssimo médico" (Colossenses 4,14); São Carlos Borromeu, que, como arcebispo de Milão, cuidava pessoalmente dos enfermos e dos moribundos vitimados pela peste; Santa Francisca Cabrini, que fundou sessenta e sete instituições nos EUA para cuidar dos pobres, dos doentes e dos sem-instrução; e São Domingo de Silos, o abade do século XI a quem muitos milagres são atribuídos e de quem se dizia que não havia doença conhecida pelo homem que não pudesse ser curada por suas orações.

A doença é parte da vida. O entendimento desse fato chegou a Santa Catarina Drexel, uma rica norte-americana que, como resultado de cuidar de sua madrasta durante uma longa doença, percebeu que as riquezas e o status social não livram a ninguém do sofrimento e da morte. Lidar com a doença e com os sofrimentos físicos é uma maneira de seguirmos o mandamento de Cristo de tomarmos nossa cruz a cada dia (Mateus 16,24).

Por vezes a doença pode ser um sinal de Deus. O monge italiano São Romualdo tinha uma missão muito importante: ajudar na reforma da vida monástica no século XI. No entanto, ele desejava ardentemente o martírio, e, após muitos anos, obteve a permissão do papa para ir à Hungria como missionário. Ao partir, no entanto, ele caiu gravemente doente, recuperando-se apenas quando interrompeu a viagem. Isso aconteceu diversas vezes, até que ele finalmente aceitou como sinal de Deus que deveria permanecer na Itália e continuar o que estava fazendo.

Algumas pessoas necessitam de mensagens ainda mais fortes. São Gabriel Possenti, um padre do século XIX, levava uma vida despreocupada na juventude, até contrair uma doença grave. Ele prometeu entrar para a vida religiosa caso se recuperasse. Gabriel se recuperou, mas não cumpriu a promessa. Um ano depois, ele estava novamente às portas da morte e renovou sua promessa. Dessa vez, após se recuperar, ele manteve sua palavra e tornou-se um Passionista.

A doença ajudou outro grande erudito, São Boaventura, a descobrir sua vocação. Na juventude, ele foi curado de uma enfermidade grave pelas orações de São Francisco de Assis e, depois disso, decidiu entrar na Ordem Franciscana.

Muitos santos conheceram em primeira mão o sofrimento e, dessa forma, são muito simpáticos em interceder por nós e obter ajudar para que possamos suportar nossas dificuldades físicas. São João Batista de La Salle sofria de asma e reumatismo. São Leopoldo Mandic sofria de uma terrível atrite. São Peregrino Laziosi teve câncer no pé, porém, após rezar a noite toda antes de seu membro ser amputado, foi miraculosamente curado. Santa Teresinha do Menino Jesus sofria de tuberculose. A perna de Santo Inácio de Loyola foi quebrada por uma bala de canhão, imobilizada de maneira errada e depois teve de ser quebrada novamente. Após passar por diversas operações, ele foi esticado em um cavalete[7] como fisioterapia e também sofreu uma infecção gangrenosa. São Francisco de Assis esteve parcialmente cego e gravemente enfermo

7 Instrumento de tortura medieval semelhante a uma mesa, em que os punhos e calcanhares da vítima eram atados e puxados em direções contrárias.

nos dois últimos dois anos de sua vida. Santa Serafina ficou imobilizada após sofrer de paralisia na infância; depois da morte de sua mãe, não havia quem cuidasse dela devido às feridas repulsivas que cobriam seu corpo. São Teófanes sofria de pedras nos rins. São Junípero Serra passou a sofrer de uma doença letal após sua perna ter sido infectada pela mordida de um inseto. São Gaspar Bertoni suportou *trezentas* operações em sua perna direita infectada e chamava seu leito de hospital de "escola de Deus". São Camilo de Lellis, conhecido por cuidar dos doentes, suportou uma doença em sua perna durante quarenta e seis anos, um músculo rompido durante trinta e oito anos, frequentes feridas no pé e um desgosto pela comida acompanhado de uma incapacidade para retê-la.

Como regra geral, os santos suportaram seus sofrimentos com paciência e com a consciência da atenção de Deus por eles. Diversos rezaram pedindo — e, por vezes, receberam — curas milagrosas. Frequentemente, no entanto, eles tiveram a experiência de São Paulo, que escreveu: "Para que a grandeza das revelações não me levasse ao orgulho, foi-me dado um espinho na carne, um anjo de Satanás para me esbofetear e me livrar do perigo da vaidade. Três vezes roguei ao Senhor que o apartasse de mim. Mas ele me disse: "Basta-te minha graça, porque é na fraqueza que se revela totalmente a minha força."" (2 Coríntios 12,7-9). Deus sabe melhor do que nós se podemos servir-Lhe melhor sãos ou doentes. De acordo com Santo Agostinho, é bom orar pedindo saúde, mas, se a oração não é atendida, devemos acreditar firmemente que nossa enfermidade ou aflição nos beneficiará de alguma maneira a longo prazo. Como afirmou São João Maria Vianney: "Na hora da morte, você verá que salvou mais almas por sua doença do que por todas as boas obras que pudesse ter efetuado com saúde." Pode também ser útil encarar a doença como uma sinal de favorecimento de Deus. Santa Teresinha do Menino Jesus disse: "A maior honra que Deus pode fazer a uma alma é não lhe dar muito, mas dela exigir muito."

Como cristãos, nós desejamos servir a Deus, mas muitas vezes queremos fazê-lo segundo a nossa vontade, em lugar da Dele. Tal desejo pode se tornar uma forma de teimosia ou orgulho. São Francisco de Sales nota que um doente manifestar o desejo de ministrar, servir aos demais e realizar as tarefas de alguém saudável pode não apenas ser infrutífero, mas levar a pessoa a ignorar o que Deus está realmente pedindo, a saber, que ele ou ela sejam obedientes, pacientes e resignados a Sua vontade. Em outras palavras, nós podemos "desperdiçar" nossa enfermidade ao nos rebelar contra ela ou podemos usá-la para crescer espiritualmente ao nos entregarmos às mãos do Senhor. De acordo com São Vicente de Paula: "Devemos lembrar-nos de que toda a incapacidade e todo sofrimento nos são enviados por Deus. A vida e a morte, a saúde e a doença, tudo é por Ele ordenado e, sob qualquer forma que se apresente, é sempre para nosso auxílio e nosso bem." Esse santo sacerdote francês também afirma: "Se pudéssemos conhecer o precioso tesouro que jaz escondido em nossas enfermidades, nós as receberíamos com tanta alegria quanto recebemos os maiores benefícios e as suportaríamos sem qualquer queixas ou marca de incômodo." De maneira similar, São João de Ávila diz: "Você deve se contentar em servir ao Senhor na doença, pois ao convocar as pessoas a sofrer em lugar de trabalhar para Si, Ele as está chamando a um estado mais elevado."

Uma atitude apropriada em nosso sofrimento pode dar grande glória a Deus, e o humor pode desempenhar um papel na aceitação paciente de nossas doenças. No século XVII, São João Berchmans estava à morte e foi atendido por um médico que lhe prescreveu um tratamento fora do comum: banhar a testa do paciente com vinagre de vinho, ao que o santo teria exclamado: "Ainda bem que não me resta muito tempo de vida! Não tenho dinheiro para uma doença tão cara."

Mais importante do que o humor, claro, é a consciência de que podemos ofertar nossos sofrimentos como sacrifício por nós e por outros e como oração de louvor a Deus; isso pode conferir sentido ao que suportamos e talvez mesmo ser parte de nosso chamado por Deus. Santa Bernadette, a quem a Virgem Maria apareceu em Lurdes, sofria de asma e de outras dolorosas doenças no convento. Em uma ocasião, ela disse a um visitante: "Estou seguindo com meu trabalho." Vendo Bernadette de cama, o visitante perguntou, surpreso: "Que trabalho?", ao que a santa respondeu: "Estar doente."

Quando estamos doentes e incapazes de desempenhar nossas tarefas normais, nosso trabalho é rezar — não necessariamente de uma maneira formal, o que pode estar além de nossas forças — mas da maneira descrita por São Carlos de Sezze: "A oração do doente é sua paciência e sua aceitação da enfermidade pelo amor de Jesus Cristo. Isso possui enorme valor quando é motivado pela imitação do muito que Ele sofreu por nós e como penitência por nossos pecados."

Esse tipo de santa resignação à vontade de Deus foi manifestada por Santa Lidvina, paralisada desde os 16 anos como resultado de um acidente de patinação no gelo. Pelos trinta e oito anos seguintes, ela foi uma inválida, confinada a uma cama de tábuas duras, coberta de úlceras e sentindo dor constante. Lidvina nunca se queixou; em vez disso, ela costumava dizer: "Os olhos de Deus estão sobre mim, Ele vê tudo e sabe tudo. Isso é o suficiente." De fato, é o bastante para nós que o Senhor nunca nos esquece. Tanto na doença quanto na saúde, Ele nos segura na palma de Sua mão.

PARA REFLETIR

> "A doença e o sofrimento estiveram sempre entre os problemas mais graves que afligem a vida humana. Na doença, o homem experimenta a sua incapacidade, os seus limites, a sua finitude. Qualquer enfermidade pode fazer-nos entrever a morte. A doença pode levar à angústia, ao fechar-se em si mesmo e até, por vezes, ao desespero e à revolta contra Deus. Mas

também pode tornar uma pessoa mais amadurecida, ajudá-la a discernir, na sua vida, o que não é essencial para se voltar para o que o é. Muitas vezes, a doença leva à busca de Deus, a um regresso a Ele."

CATECISMO DA IGREJA CATÓLICA, parágrafos 1500-1501.

"Se Deus o faz sofrer muito, é sinal de que tem grandes planos para você e que certamente pretende torná-lo santo. E se você desejar tornar-se um grande santo, rogue a Deus para que Ele lhe dê muitas oportunidades de sofrer, pois não há melhor madeira para acender o fogo do amor divino do que a madeira da Cruz, que Cristo utilizou para Seu próprio sacrifício de caridade sem limites."

SANTO INÁCIO DE LOYOLA

"Que belas virtudes podem ser praticadas na doença! Acima de tudo, o amor da humilhação, do desamparo, da gratidão e da suavidade de coração para com aqueles que cuidam de nós, a obediência cega aos médicos e enfermeiros. Mantenha uma expressão alegre e permaneça na cama como na Cruz do Salvador. Ame sofrer tais dores e febres tais como o Senhor as envia."

SÃO PAULO DA CRUZ

ALGO A SER TENTADO

São Paulo da Cruz aconselha: "Seja obediente a seu médico. Então, se você não melhorar de imediato, ao menos terá cumprido suas responsabilidades perante Deus. Coma e durma o bastante para recuperar as forças e, mesmo doente você continuará glorificando a Deus e dando-Lhe prazer." O santo também sugere: "Com relação às doenças do corpo, obedeça a seu médico. Diga a ele o que há de errado consigo, de maneira breve, modesta e clara. Quando tiver dito o necessário, cale-se e deixe-o fazer o resto. Não recuse remédios. Receba-os no cálice de amor de Jesus com uma expressão suave e com gratidão por aqueles que cuidam de você."

"Quando estiver doente," diz São Francisco de Sales, "ofereça a Cristo Nosso Senhor todas as suas dores, seus sofrimentos e seu langor, pedindo que Ele os una aos que suportou por você."

LEITURA ADICIONAL

Provérbios 3,7-8; Provérbios 17,22;
Eclesiástico 30,15-16; Tiago 5,14-16.

Introdução à vida devota, de São Francisco de Sales;
Tratado da conformidade com a vontade de Deus,
de Santo Afonso de Ligório.

***

Ladainha pela saúde

De todo mal e angústia, livrai-nos, Senhor.
De todo sofrimento e doença, livrai-nos, Senhor.
De todo medo e ansiedade, livrai-nos, Senhor.
De toda inquietação e preocupação, livrai-nos, Senhor.
De toda tristeza e infelicidade, livrai-nos, Senhor.
De todas as nossas dúvidas e falta de fé, livrai-nos, Senhor.
De nossas falhas em confiar em Vós, livrai-nos, Senhor.
De nossas faltas e pecados, livrai-nos, Senhor.
De nossa necessidade de ter tudo a nossa pró-
pria maneira, livrai-nos, Senhor.
De tudo o que impede de nos aproximar-
mos de Vós, livrai-nos, Senhor.
Santa Maria, Mãe de Deus, rogai por nós.

São José, rogai por nós.
São João Batista, rogai por nós.
São Pedro, rogai para nós.
São Paulo, rogai por nós.
Santa Maria Madalena, rogai por nós.
Santa Marta, rogai por nós.
São João de Deus, rogai por nós.
São Camilo de Lellis, rogai por nós.
São Peregrino Laziosi, rogai por nós.
Santa Escolástica, rogai por nós.
Santo Egídio, rogai por nós.
São Francisco de Sales, rogai por nós.
Santa Matrona, rogai por nós.
Santa Dimpna, rogai por nós.
São Vito, rogai por nós.
Santa Lúcia, rogai por nós.
Santa Teresa de Ávila, rogai por nós.
São Fiacro, rogai por nós.
São Roque, rogai por nós.
Santo Alberto Magno, rogai por nós.
Santa Ágata, rogai por nós.
Santa Isabel da Hungria, rogai por nós.
São Lucas, rogai por nós.
São Cosme e São Damião, rogai por nós.
São Tiago, rogai por nós.
São Marculfo, rogai por nós.
São Brás, rogai por nós.
Santa Apolônia, rogai por nós.
Bem-aventurado Andre Bessette, rogai por nós.
São Rafael, rogai por nós.
Santa Rosa de Lima, rogai por nós.
São Luís Gonzaga, rogai por nós.
São Fidélis, rogai por nós.

São Pedro Claver, rogai por nós.
São Martinho de Porres, rogai por nós.
São Carlos Borromeu, rogai por nós.
São Diogo, rogai por nós.
Santa Francisca Cabrini, rogai por nós.
Santa Maria Bertilla Boscardin, rogai por nós.
Santa Catarina de Sena, rogai por nós.
Santo Henrique Morse, rogai por nós.
Santa Brígida, rogai por nós.
São Domingos de Silos, rogai por nós.
Santa Joana de Chantal, rogai por nós.
Santo André Bobola, rogai por nós.
São Filipe Néri, rogai por nós.
São Caetano, rogai por nós.
São Jerônimo Emiliani, rogai por nós.
São João Leonardi, rogai por nós.
São Pedro Canísio, rogai por nós.
São Francisco de Assis, rogai por nós.
São Guilherme Firmatus, rogai por nós.
Santa Catarina Drexel, rogai por nós.
São Romualdo, rogai por nós.
São Gabriel Possenti, rogai por nós.
São Boaventura, rogai por nós.
Santa Angadrisma, rogai por nós.
São João Batista de La Salle, rogai por nós.
São Leopoldo Mandic, rogai por nós.
Santa Maria Madalena de Pazzi, rogai por nós.
Santa Teresinha do Menino Jesus, rogai por nós.
Santo Inácio de Loyola, rogai por nós.
São João Bosco, rogai por nós.
São Teófanes, rogai por nós.
São Junípero Serra, rogai por nós.
São João Berchmans, rogai por nós.

Santa Bernadette, rogai por nós.
Santa Lidvina, rogai por nós.
Todos os santos e santas de Deus, rogai por nós.

Pai Nosso...
Ave-Maria...
Glória ao Pai...

XIX - FILHOS SEM FÉ

Fui jovem e já sou velho,
mas jamais vi o justo abandonado,
nem seus filhos a mendigar o pão.
Todos os dias empresta misericordiosamente,
e abençoada é a sua posteridade.
Aparta-te do mal e faze o bem,
para que permaneças para sempre,
porque o Senhor ama a justiça
e não abandona os seus fiéis.

SALMO 36,25-28

DURANTE O RITO do Batismo, é dito aos pais: "Vocês aceitam a responsabilidade de ensinar [seus filhos] na prática da Fé. Será seu dever criá-los para guardar os mandamentos de Deus como Jesus nos ensinou, amando a Deus e ao próximo." Essa é uma responsabilidade muito importante; de fato, o maior dever dos pais é preparar os filhos para a eternidade. Comida, abrigo, roupas e uma boa educação são necessários e valiosos, mas a necessidade de tais coisas chegará um dia ao fim. Somente a fé e o amor, que tornam a fé real, durarão para sempre.

Existem, é claro, muitos pais que compreendem essa verdade, mas que mesmo assim consideram-se fracassados (ou que, pelo menos, temem que Deus os veja dessa maneira). Muitos católicos encontram-se confusos ou tristes porque seus filhos adultos, a despeito de ter recebido uma educação católica e um bom exemplo dos pais, deixaram a Igreja ou permanecem nela apenas como membros nominais, sem praticar a Fé. Uma catequese inadequada, a rebelião juvenil, os fascínios deste mundo, as más influências dos colegas e dos que servem como modelos de comportamento, o egoísmo e a preguiça, tudo isso tem o seu papel. Por vezes, os próprios pais falham ao não viverem a Fé de forma genuína e comprometida; mas mesmo viver a Fé com sinceridade não é garantia de que os filhos permanecerão fiéis a ela.

Apesar de adultos oriundos de lares religiosos tenderem a ser mais religiosos, há muitos casos em que isso simplesmente não ocorre. Espera-se que os pais ofereçam disciplina, mas isso pode causar ressentimento e ser rejeitado como tirania; espera-se que os pais ofereçam conselhos e correção, mas isso é frequentemente visto como "aporrinhação". Em uma sociedade que enfraquece a autoridade, consagra o relativismo e enfatiza o "eu sou mais eu", a missão dos pais parece quase impossível. Deus lhes pede para que perseverem mesmo assim, confiando Nele ao mesmo tempo em que fazem o possível para cooperar com Sua graça.

Se você se preocupa ou sofre por um filho adulto que largou ou rejeitou a Fé, pode servir-lhe de consolo saber que até mesmo alguns santos passaram por essa luta e por esse desapontamento. Eles, mais do que ninguém, sabiam a importância de ensinar seus filhos a amar a Deus e ao próximo. Alguns deles foram bem-sucedidos, outros fracassaram.

A história mais famosa é, claro, a de Santa Mônica, cujo filho brilhante, porém caprichoso, Agostinho, causou-lhe muita tristeza e sofrimento. Como filósofo pagão e professor, Agostinho acreditava que sua busca pela verdade o permitia viver como bem desejasse; ele rejeitou a Fé cristã de Mônica, teve um filho fora do casamento e ignorou gentilmente as tentativas dela de corrigi-lo e instruí-lo. Mônica conseguiu converter seu marido pagão, Patricius; após a morte deste, ela tentou ainda mais disciplinar Agostinho (chegando mesmo a trancá-lo para fora de casa), mas sem sucesso.

O rapaz finalmente se cansou das constantes orações da mãe, ressentindo-se delas como uma interferência em sua vida. Dizendo a Mônica que estava indo para as docas para ver um barco que partia, embarcou ele mesmo com direção à Itália. Com o coração partido, porém cheia de determinação, sua mãe o seguiu. Mônica finalmente encontrou-se com Agostinho em Milão. Ali, o bispo local, Santo Ambrósio, encorajou-a a perseverar, prometendo que o beneficiário de tantas oração certamente não se perderia. Em poucos meses, o maior desejo de Mônica foi atendido: Agostinho tornou-se cristão e foi batizado. Pouco depois, Santa Mônica morreu, exausta porém em paz. Mônica é, com muita propriedade, considerada a santa patrona das mães, especialmente daquelas que se preocupam por seus filhos.

Nem todos os pais santos tiveram a felicidade de ver seus filhos desencaminhados retornarem à Igreja. No século XIV, Santa Brígida da Suécia mantinha um casamento feliz com um nobre sueco; juntos, eles tinham oito filhos. Dois deles eram particularmente notáveis, mas de maneiras opostas: uma filha, Catarina de Vadstena, que terminou canonizada; e um filho, Carlos, que partiu o coração de sua mãe com uma notória vida de pecado. Brígida foi parcialmente bem-sucedida ao ajudar a melhorar os padrões morais da corte real sueca, mas ela falhou em seus esforços para influenciar o filho. As notícias da morte de Carlos após uma vida dissoluta entristeceram muito a Santa Brígida, apressando sua própria morte.

Santa Isabel Ana Seton teve uma experiência parecida. Um de seus dois filhos levou uma vida imoral, a despeito de seus sacrifícios e orações incessantes a seu favor.

Santa Clotilde, rainha do século VI e viúva do rei franco Clóvis, sofreu muito como resultado das disputas de seus filhos pelo trono. Um deles foi morto em batalha, outro tentou garantir o trono para si assassinando seus sobrinhos, os netos de Clotilda.

Algo parecido aconteceu muitos séculos depois na vida de Santa Matilde, viúva do rei Henrique I da Alemanha e mãe de São Bruno (que lhe deu pouco trabalho), bem como do Imperador Otto I e do Príncipe Henrique, "o encrenqueiro" (que lhe causaram considerável tristeza). Matilde, talvez de forma imprudente, favorecia Henrique, o que fez com que Otto passasse a tratá-la mal. Henrique, por sua vez, em lugar de ser grato pelo apoio, também tratava-a mal.

Se havia algo em que os dois irmãos concordavam era que Matilde era demasiado generosa para com os pobres e a Igreja. Ela ignorava suas queixas, tratava-os com paciência, e, ao morrer, tinha o afeto e o respeito do povo.

Os filhos podem causar sofrimentos aos pais ao ignorar o chamado de Deus, mas, por vezes, os papéis se invertem. No século XI, o futuro Santo Anselmo, discernindo uma vocação religiosa, quis entrar num mosteiro com quinze anos de idade. Seu pai proibiu-o taxativamente. Anselmo rebelou-se indo ao outro extremo, abandonando completamente a religião e vivendo de maneira despreocupada e irresponsável. Assim, um pai que não deu apoio ao filho foi parcialmente responsável por sua rebelião juvenil. Felizmente, Anselmo se arrependeu mais tarde e respondeu a sua vocação.

É a vontade de Deus que os pais criem seus filhos na retidão e que os ajudem a se preparar para sua peregrinação espiritual. Isso significa que os pais devem possuir uma fé viva e, como observou São Francisco Xavier, "Ninguém realmente descobre no que crê até começar a ensinar seus filhos." Nossos filhos são preciosos para nós, pois nos foram confiados por Deus. Queremos o melhor para eles e é natural que nos preocupemos se rejeitam ou ignoram sua criação religiosa e moral. Em tal caso, o Senhor deseja que permaneçamos amorosos e compreensivos para com eles, mas também incessantes em nossas orações e firmes em nossa Fé.

Enquanto rezava pela conversão de seu filho, Santa Mônica teve um sonho consolador no qual um anjo a tranquilizou: "Seu filho está com você." Mais tarde, quando ela contou o sonho a Agostinho, ele comentou sarcasticamente que eles poderiam facilmente estar juntos, bastava que Mônica rejeitasse sua fé cristã, ao que ela respondeu de imediato: "Ele não disse que eu estava com você, e sim que você estava comigo."

Essa resposta marcou profundamente Agostinho. Da mesma maneira, nós não devemos tentar buscar uma união familiar superficial cedendo em questões morais ou negando nossa Fé, pois esse tipo de mau exemplo torna ainda menos provável que nossos entes queridos aceitem a verdade. Em lugar disso, devemos permanecer com o Senhor em Seus termos, esperando e rezando para que nossos filhos se juntem a nós um dia.

Pais e filhos devem ser uma fonte de graça e encorajamento mútuos, ajudando-se uns aos outros a se aproximar de Deus. Infelizmente, isso nem sempre acontece. Seus filhos podem ter lhe causado sofrimento por suas vidas desregradas ou por terem abandonado a Igreja. Mas o exemplo de Santa Mônica fala da necessidade de perseverar na esperança e na oração. Deus pode fazer milagres pela graça em um instante, das maneiras mais inesperadas, e se regozija naqueles pais amorosos que buscam cooperar com Ele em proveito de seus filhos.

PARA REFLETIR

> "Pela graça do sacramento do Matrimônio, os pais receberam a responsabilidade e o privilégio de evangelizar os filhos. Desde tenra idade devem iniciá-los nos mistérios da fé, de que são os 'primeiros arautos'. Hão-de associá-los, desde a sua primeira infância, à vida da Igreja. A maneira como se vive em família pode alimentar as disposições afetivas, que durante toda a vida permanecem como autêntico preâmbulo e esteio duma fé viva."
>
> CATECISMO DA IGREJA CATÓLICA, parágrafo 2225

> "É natural querer planejar o futuro de seus filhos em seu lugar e presumir que você sabe o que é melhor para eles. No entanto, essa não é a abordagem correta. Isso só deixará seus filhos irritados. Você deve deixá-los em completa liberdade e confiar que eles escutarão e responderão a qualquer vocação que Deus quiser lhes dar."
>
> SÃO PAULO DA CRUZ

> "Antes do nascimento de Santo Agostinho, sua mãe, Santa Mônica, dedicou-o ao cristianismo e à glória de Deus, como ele mesmo nos diz. Trata-se de uma boa lição às mulheres cristãs sobre como elas devem dedicar à Majestade Divina os frutos de seus ventres, pois Deus, que livremente aceita as obrigações voluntárias de um coração humilde, geralmente faz tais dedicações frutificarem, como nos casos de Samuel, Santo Tomás de Aquino, Santo André de Fiesole e muitos outros."
>
> SÃO FRANCISCO DE SALES

ALGO A SER TENTADO

Santa Luísa de Marillac escreveu a São Vicente de Paula acerca do desapontamento que sentia com seu filho. São Vicente respondeu: "As faltas das crianças não são sempre imputadas a seus pais, especialmente quando eles as instruíram e deram bom exemplo, como, graças a Deus, é o seu caso. Além disso, Nosso Senhor, em Sua providência maravilhosa, permite que os filhos rompam os corações de seus pais e mães devotos. O de Abraão foi rompido por Ismael, o de Isaque por Esaú, o de Jacó pela maioria de seus filhos, o de David por Absalão, o de Salomão por Roboão e o do Filho de Deus por Judas." Assim, as decisões de seus filhos não fazem de você um pai fracassado aos olhos de Deus. Você tem o direito de sentir tristeza, mas não necessariamente culpa. Não deixe de rezar por seus filhos; a graça de Deus pode tocar um coração endurecido, tal como aconteceu quando o filho de Santa Luísa permitiu-se ser influenciado pelos ensinamentos e pelo exemplo de São Vicente.

Entreguem seus filhos ao Imaculado Coração de Maria. Stefano Gobbi, um padre italiano, vem supostamente recebendo comunicações interiores de Nossa Senhora desde 1973. Devido ao fato de muitas pessoas expressarem pesar por filhos adultos que abandonaram a fé, o Padre Gobbi perguntou a Maria sobre este problema. Ela teria lhe dito que quando os pais rezam o Rosário por seus filhos, no fim de cada dezena eles devem erguê-lo e dizer a ela: "Com estas contas uno meus filhos a teu Imaculado Coração." E então, prometeu-lhe Maria: "Eu cuidarei de suas almas."

LEITURA ADICIONAL

Eclesiástico 3, 3-4 12-16; Provérbios 23, 22;
Lucas 7, 12-15.

***

Pai no Céu
Vós sabeis o que é sofrer por filhos ingratos, em pecado,
e para Vós me volto em minha tristeza.
Meus filhos parecem ter deixado a fé,
e pergunto-me se falhei;
temo por aqueles que amo.
Estai sempre com minha família, Senhor,
para encorajar, consolar, apoiar, iluminar
e abençoar cada um de seus membros.
Trazei de volta aqueles que se desviaram do caminho,
tocai aqueles com o coração endurecido,
e perdoai aqueles que Vos ofenderam pelo egoísmo,
pela preguiça ou pela indiferença.
Vós enviastes Vosso Filho, Jesus, para morrer por nós.
Rogo para que esse imenso sacrifício não seja em vão.
Concedei a meu filho a graça do arrependimento.
Ajudai-me a perseverar e a suportar
todas as coisas por Vossa glória.

Queridíssima Virgem Maria, Mãe de Deus,
rogai pela minha família.

Pai Nosso...
Ave Maria...
Glória ao Pai...

XX - SOLIDÃO

[Disse Jesus:] "Eis que vem a hora, e ela já veio, em que sereis espalhados, cada um para o seu lado, e me deixareis sozinho. Mas não estou só, porque o Pai está comigo." JOÃO 16,32

SABEMOS QUE O isolamento, quaisquer que sejam suas causas, pode nos levar a uma maior consciência da presença do Senhor. No entanto, em maior ou menor medida, quase todos nos inquietamos com a solidão. Todos nós já a experimentamos e não teríamos dificuldade em concordar que — apesar de haver momentos em que precisamos e desejamos estar sós — é parte da natureza humana ser sociável e passar tempo com os demais.

A solidão é frequentemente vista como um problema a ser resolvido, um vazio a ser preenchido ou um destino a ser evitado. De fato, por vezes ela é tudo isso. Mas a solidão também pode ser o jardim, limpo, cultivado e arado, no qual o Senhor produz uma rica colheita espiritual. Se estamos nos sentido sós, talvez isso seja um sinal de que precisamos estar com alguém — ou talvez seja uma oportunidade para lembrar-nos a nós mesmos de que Jesus está conosco.

Muitos santos desejavam ardentemente a solidão e podemos admirar (mas não, provavelmente, imitar) a fidelidade que tiveram em viver como eremitas, monges ou religiosos de clausura (ou seja, irmãos e irmãs que têm pouco ou nenhum contato com o mundo exterior).

No entanto, exceto para aqueles chamados a serem eremitas, uma vida solitária não é atrativa; até mesmo santos podem sentir solidão. São Thomas More passou 15 meses na solitária após ser acusado de traição e preso pelo rei Henrique VIII. Isso deve ter sido uma provação terrível para alguém tão extrovertido e ligado à família como ele, mas não foi o suficiente para fazê-lo renunciar sua fé.

O grande teólogo Santo Tomás de Aquino, que passou muitas horas sozinho estudando e escrevendo, observou em uma ocasião: "Não há posses materiais alegres sem companhia." E acrescentou: "Descontados os animais e as plantas [no jardim], a pessoa se sente sozinha aqui."

Santa Fabíola era uma amiga de São Jerônimo e conta-se dela que possuía uma natureza tão sociável que lhe era intolerável ficar sozinha. De fato, disse São Jerônimo: "Sua ideia do estábulo [ou seja, de um local afastado] é que ele seja anexo à estalagem." Outro santo que gostava de companhia era São Pio X, eleito papa no início do século XX. Era costume que os papas fizessem suas refeições sozinhos, sem acompanhantes. Pio imediatamente acabou com essa tradição e fez questão de comer com quem estivesse disponível: amigos, parentes, padres, mensageiros, assistentes e até mesmo com os funcionários que trabalhavam nos jardins papais.

Mesmo uma grande figura como São Patrício experimentou certa solidão. Por natureza, muito sensível e afetuoso, ele comentava com frequência o quão difícil havia sido deixar sua família na Britânia[8] após ter se reunido com ela.

O Senhor disse, em um contexto um pouco diferente: "Não é bom que o homem esteja só" (Gênesis 2,18). Dividir a vida com as outras pessoas é algo que pertence, de fato, a nossa natureza humana. Por vezes não temos solidão ou privacidade suficientes; em outras ocasiões, nos sentimos sozinhos e esquecidos. Em qualquer um dos casos, no entanto, devemos nos lembrar de que o Senhor está sempre conosco, e que, se oferecermos nossas dificuldades a Ele, um dia nos rejubilaremos com todos os anjos e santos em Seu Reino.

8 Antiga província Romana nas ilhas britânicas. [nt]

PARA REFLETIR

"Onde estou, lá estás Tu também, e onde estás Tu, estou eu. Pois somos um único corpo, e o corpo não pode ser separado da cabeça, nem a cabeça do corpo. A distância nos separa, mas o amor nos une e a própria morte não pode nos dividir."
SÃO JOÃO CRISÓSTOMO

"É na solidão que Deus nos fala."
SÃO JOÃO MARIA VIANNEY

"Um dia o Senhor falou a Santa Teresa: 'Eu falaria a muitas almas, mas o mundo faz tanto ruído em seus ouvidos que eles não podem ouvir a minha voz. Ah, se ao menos eles se afastassem um pouco do mundo!"
SANTO AFONSO DE LIGÓRIO
(Uma certa quantidade de silêncio e de solidão é necessária para nosso bem-estar espiritual.)

ALGO A SER TENTADO

Pensem na história de uma professora do ensino médio, inteligente porém solitária, que estava convencida de que ninguém gostava dela ou lhe tratava adequadamente. Sua atitude agressiva e a rapidez com que se ofendia impendiam-na de fazer amigos (uma prova a mais em sua cabeça de que a vida era injusta). Alguém finalmente lhe disse que suas próprias atitudes estavam criando essa sensação de isolamento, especialmente a convicção de que não recebia o tratamento que merecia. Impressionada por tal verdade, ela assumiu uma nova atitude. A cada revés ou desapontamento, passou a dizer a si mesma: "Você não merece um tratamento melhor; está bem assim." Em pouco tempo, sua nova atitude perante a vida tornou-a acessível e tolerante com os demais, e ela logo fez amizades satisfatórias. Se você estiver se sentindo sozinho, considere (talvez com a ajuda de alguém de sua confiança) se suas atitudes podem estar contribuindo para a situação. Se esse for o caso, aja para mudar.

A maneira mais fácil de superar a solidão é mudar o foco de si mesmo para outra pessoa. Una-se a um grupo, ofereça seu tempo como voluntário; peça a outras pessoas para que falem delas (suas esperanças, interesses, opiniões, atividades etc.); faça algo por alguém; entre em contato ou visite alguém que esteja doente, sozinho ou que não pode sair de casa.

LEITURA ADICIONAL

Salmo 22,20-21; Marcos 1,35; Mateus 26,36-38.

Introdução à vida devota, de São Francisco de Sales.

***

Senhor,
o problema com a vida agora
é que pareço possuir todas as coisas que não importam
e ter perdido todas as coisas que importam.
Eu tenho vida,
tenho dinheiro suficiente para viver
e muito com o que me ocupar.
Mas estou sozinho, e, às vezes,
sinto que nada é capaz de compensar isso.
Senhor, fazei-me enxergar o sentido de minha fé.
Fazei-me ver que tenho esperança.
Mostrai-me que era verdade
quando dissestes que sempre estaríeis comigo;
e fazei-me ver que, pelo tempo que me deixardes aqui,

há algo que devo fazer e que estou fazendo.
Ajudai-me a encontrar o conforto e a coragem
de que preciso para continuar.

ANÔNIMO

XXI - LUXÚRIA

Afastai de mim a intemperança!
Que a paixão da volúpia não se apodere de mim
e não me entregueis a uma alma sem pejo e sem pudor!
ECLESIÁSTICO 23,6

NO SÉCULO IV, uma jovem muito bonita chamada Taís levava uma vida imoral como prostituta. O santo bispo Pafúncio decidiu tentar convertê-la e foi até ela disfarçado, fingindo ser um cliente. Ela mostrou-lhe um quarto, mas ele pediu um mais isolado, para que não houvesse interrupções. Taís conduziu-o a outro aposento, mas ele continuou insatisfeito. Ela então tranquilizou-o: "Ninguém consegue nos ver ou escutar aqui." Pafúncio então perguntou: "E Deus? Existe algum lugar onde possamos escapar de Seus olhos que tudo veem?" Chocada com tais palavras, Taís admitiu, amedrontada: "Não, infelizmente." Em seguida, com lágrimas nos olhos, atirou-se aos pés de Pafúncio, compreendendo que ele havia sido enviado por Deus. O bispo então lhe falou de maneira poderosa sobre a presença de Deus, e, após ter confessado seus pecados, Taís foi para o deserto, onde passou o resto da vida em penitência (e por isso é hoje conhecida como Santa Taís).

Conta-se que a Virgem Maria revelou aos três pastores de Fátima que mais pessoas são condenadas ao Inferno por pecados contra o sexto mandamento (que ordena a castidade) do que por qualquer outro; e a imoralidade do século que passou faz com que seja bastante fácil de acreditar em tais palavras.

O *Catecismo da Igreja Católica*, no parágrafo 2351, define a luxúria como "(...) um desejo desordenado ou um gozo desregrado de prazer venéreo. O prazer sexual é moralmente desordenado quando procurado por si mesmo, isolado das finalidades da procriação e da união". Sendo um dos *sete pecados capitais*, a luxúria é gravemente perigosa a partir de um ponto de vista moral e para muitas pessoas a tentativa de superá-la é um combate para toda a vida. Alguns dos santos foram modelos da virtude da pureza, incluindo Santa Inês, cujo nome significa, em grego, "pura", e Santa Lúcia, que, como Inês, foi virgem e mártir. São Carlos Lwanga e seus companheiros, pajens na corte do rei africano Mwanga de Uganda no século XIX, foram executados quando resistiram a suas investidas homossexuais. No século XX, temos o testemunho de Santa Maria Goretti, que morreu aos 12 anos como resultado de ter resistido às investidas sexuais de um vizinho; São Maximiliano Kolbe que, ainda menino, comprometeu-se a uma vida de pureza; a Beata Antonia Mesina, assassinada aos 16 anos de idade por recusar os avanços de um homem; a Beata Carolina Kózka, morta, também aos 16 anos, por um soldado russo na Primeira Guerra Mundial por resistir ao estupro; a Beata Teresa Bracco, assassinada aos vinte anos por um soldado alemão pelas mesmas razões; e a Beata Maria Clementina Anuarite Nengapeta, uma irmã religiosa no Zaire, cujos esforços para resguardar sua virtude fizeram com que um oficial enraivecido a matasse.

Muitos santos, no entanto, combateram tentações contra a pureza. Seus exemplos de fortaleza, e sua vitória ao final, podem nos encorajar e inspirar.

Dois santos famosos por seu passado pecaminoso são Santa Maria Madalena e Santo Agostinho. Agostinho tornou-se sexualmente ativo na adolescência, para horror de sua mãe, Santa Mônica e, ainda jovem, teve um filho com uma amante. (Mais tarde, comentando sobre essa situação, Agostinho disse: "A luxúria satisfeita fez-se costume, e o costume não resistido fez-se necessidade.") As incessantes orações de Mônica finalmente contribuíram para a conversão de seu filho, mas apenas depois de muitas lutas. Em sua busca pela verdade, Agostinho gradualmente deu-se conta da autenticidade do Evangelho. Sua estritas exigências morais, porém, criaram um conflito interior: ele queria fazer o certo, mas tinha medo de pagar o preço. Esse foi o contexto de sua famosa "oração", na qual pediu: "Senhor, dai-me a castidade, mas não agora."

No ponto mais alto de sua crise espiritual, Agostinho leu estas palavras de São Paulo: "A noite vai adiantada, e o dia vem chegando. Despojemo-nos das obras das trevas e vistamo-nos das armas da luz. Comportemo-nos honestamente, como em pleno dia: nada de orgias, nada de bebedeira; nada de desonestidades nem dissoluções... Ao contrário, revesti-vos do Senhor Jesus Cristo e não façais caso da carne nem lhe satisfaçais aos apetites" (Romanos 13,12-14). Essa mensagem finalmente deu a Agostinho uma sensação de paz e de iluminação, conduzindo-o a sua completa conversão ao cristianismo. Havia ainda tentações a superar no futuro, mas o santo estava agora armado da graça de Deus e, portanto, era capaz de triunfar.

Santa Maria Madalena, de acordo com a Tradição, pode ter sido uma prostituta antes de sua conversão. Seu passado vergonhoso, porém, não a impediu de tornar-se uma das seguidoras mais fiéis de Nosso Senhor. Outros santos converteram-se de estilos de vida igualmente imorais, como Santa Pelágia, a penitente, uma dançarina do ventre que se converteu ao ouvir um bispo comentar que ela cuidava mais de sua aparência do que muitos bispos de seus rebanhos.

A conversão de Santa Maria do Egito foi motivada por uma experiência desconfortável e embaraçosa na Terra Santa. Um grupo de peregrinos dirigia-se para lá e ela juntou-se a eles, não por razões religiosas, mas para buscar oportunidade de exercer sua profissão de prostituta. Quando os outros entraram em um dos lugares sagrados, Maria tentou fazer o mesmo, mas uma força invisível manteve-a para fora da igreja. Ao tentar entrar por diversas vezes sem sucesso, ela se deu conta de que Deus estava expressando Seu descontentamento com sua vida de pecado. Maria se arrependeu, orou pedindo permissão para entrar na igreja e finalmente foi capaz de fazê-lo; ela então prometeu passar o restante de sua vida em penitência, o que fez no deserto além da Jordânia por quase cinquenta anos.

Uma história similar é contada acerca de Santa Margarida de Cortona, uma bela jovem que viveu no século XIII. Um rico jovem seduziu-a para que fugissem juntos, prometendo casar-se com ela, apesar de nunca ter cumprido a promessa. Em lugar disso, durante nove anos Margarida viveu como sua amante e dele teve um filho. Então, o jovem foi assassinado, e quando Margarida viu seu corpo ensanguentado, arrependeu-se da vida pecaminosa que havia vivido a seu lado. Seu pai não quis aceitar a ela ou a seu filho de volta, e Margarida buscou refúgio junto aos Franciscanos, que se tornaram sua família espiritual. Ela passou o restante de sua vida em penitência, servindo aos pobres e doentes. Mas mesmo depois disso, três anos mais foram necessários para superar seu combate contra a carne.

As tentações sexuais atormentaram um grande número de santos, incluindo São Francisco de Assis, que buscou superá-las atirando-se em valas cheias de neve e gelo e que chegou mesmo, em uma ocasião, a rolar em um canteiro de espinhos. Elas também afligiram a São Jerônimo e São Columbano. O Beato Raimundo Lúlio admitiu que, na juventude, ele era "desavergonhado na busca de qualquer novo rosto que [o] atraísse".

Santa Catarina de Sena sofreu tentações severas, que duraram muito tempo. Quando Nosso Senhor apareceu para ela em seguida, ela perguntou-Lhe onde havia estado durante os ataques, e surpreendeu-se ao ouvi-Lo dizer que estivera dentro de seu coração. Como podia Ele, perguntou Catarina, habitar um coração tão impuro? Jesus respondeu: "Diga-me, esses pensamentos imundos dentro de seu coração lhe trouxeram prazer ou tristeza, amargura ou delícias?" Quando ela disse "As maiores amarguras e tristezas", Jesus continuou "Quem, então, causou essas grandes amarguras e tristezas em seu coração? Acredite, minha filha, que, não fosse por minha presença, tais pensamentos que cercaram sua vontade teriam, sem dúvida, conseguido conquistá-la e invadi-la. Tendo sido recebidos com prazer por seu livre-arbítrio, eles teriam trazido a morte à sua alma. Estando presente, infundi o desgosto em seu coração e foi ele que permitiu a você rejeitar a tentação."

No século IV, um monge aflito pelas tentações sexuais buscou São Macário, o velho, pedindo conselhos. Macário disse-lhe para nunca comer antes do pôr do sol, para rezar e meditar durante o trabalho e para ocupar-se diligentemente o dia todo. O monge seguiu este conselho e as tentações luxuriosas nunca mais retornaram.

Outra figura da Igreja primitiva manteve uma luta muito mais dolorosa e custosa com a luxúria. Uma bela mulher de nome Zoe tentou seduzir São Martiniano, o eremita, e, a princípio, o santo consentiu em seu coração; em seguida ele se arrependeu e tomou uma medida radical para banir a tentação. Enfiando seu pé numa fogueira, Martiniano gritou de dor e exclamou: "Se não suporto este fraco fogo, como poderei aguentar o fogo do Inferno?" Esta demonstração horrenda fez com que a própria Zoe se arrependesse. Quando Martiniano finalmente foi capaz de voltar a andar, ele se mudou para uma ilha deserta a fim de se ver livre de semelhantes ocasiões de pecado.

Uma determinação radical de resistir ao pecado parecida à de São Martiniano foi demonstrada por São Guilherme de Vercelli, abade do século XII. Alguns membros da corte ressentiam-se de sua boa influência sobre o Rei Rogério II de Nápoles, e tentaram colocar Guilherme em uma situação comprometedora. Uma mulher de moral duvidosa entrou em seu quarto e pediu para deitar-se com ele. Guilherme respondeu caminhando até a lareira, onde separou as brasas ardentes com suas próprias mãos. Em seguida, deitando-se no meio delas, convidou a mulher para juntar-se a ele. A princípio, ela ficou horrorizada para, em seguida, mostrar-se completamente maravilhada ao ver Guilherme levantar-se sem uma queimadura. Isso levou-a a renunciar sua vida anterior e a entrar em um convento.

Não apenas devemos nos valer da graça de Deus para nos proteger contra as tentações que vêm de dentro, mas devemos igualmente estar alertas contra pessoas ao nosso redor que podem nos levar ao pecado. A família de Santo Tomás de Aquino, em lugar de apoiar sua vocação para a Ordem Dominicana, tentou usar a luxúria para subvertê-la. Por ordem de sua mãe, Tomás foi sequestrado e aprisionado por um de seus irmãos e uma prostituta nua foi mandada a seu quarto para tentá-lo. Tomás protegeu sua pureza expulsando-a do quarto com um atiçador de lareira ardente.

Uma situação bastante diferente foi encontrada pela Beata Laura Vicuña, nascida no Chile em 1891. Após seu pai abandonar a esposa e as duas filhas, sua mãe tornou-se amante de um rico fazendeiro. Aos dez anos, Laura recebeu uma proposta do homem; ela correu para fora e não apenas implorou a Deus para que salvasse a ela e a sua irmã, mas também ofereceu-lhe sua vida se isso conduzisse à conversão de sua mãe. Muitos anos depois, Laura adoeceu gravemente e foi agredida pelo fazendeiro até perder os sentidos; após recobrar a consciência por um curto período, ela contou à mãe que tinha oferecido a própria vida pela dela. Antes de Laura morrer, sua mãe implorou por seu perdão, prometendo arrepender-se e, naquela mesma noite, retornou aos sacramentos.

De acordo com São João Clímaco: "A pureza significa recobrir-nos da semelhança de Deus, tanto quanto seja humanamente possível." Viver como filhos obedientes e amáveis é muito agradável a nosso Pai do Céu, e, como São Nicolau de Flue afirmou: "A pureza de coração é para Deus como um perfume doce e agradável."

Como, então, podemos cultivar, preservar ou readquirir a virtude da pureza?

Primeiro, devemos rezar especifica e regularmente pedindo essa graça; sem a ajuda de Deus, é quase certa nossa queda, pois é quase impossível evitar tentações sexuais em nossa sociedade altamente imoral. Como notou Santa Teresa de Ávila, uma pessoa que reza regularmente não pode permanecer em pecado grave, pois, como o pecado e a oração são incompatíveis, um terá de ceder. Assim, se permanecermos fiéis à oração, a graça de Deus será um dia vitoriosa em nós, mesmo se sofrermos muitos reveses no caminho.

Em segundo lugar, devemos formar o hábito de resistir imediatamente os pensamentos e tentações luxuriosas. São Francisco de Sales nos aconselha: "Sejam extremamente céleres ao afastar-se de tudo o que conduz e atrai para a impureza, pois esse mal trabalha de forma insensível e, por um começo modesto, progride a grandes maldades. Trata-se de algo sempre mais fácil de evitar do que de curar."

Em terceiro lugar, não devemos nos tornar complacentes ou orgulhosos. São Filipe Néri alertou: "A humildade é a proteção da castidade. Em questões de pureza, não há perigo maior do que não temer o perigo. Quando alguém se coloca em uma ocasião de pecado dizendo 'não cairei', trata-se de um sinal quase infalível que ela cairá, e com grave dano para sua alma." Em outras palavras, devemos confiar na força de Deus, não na nossa.

A necessidade de buscar a ajuda do Senhor aplica-se não apenas àquelas pessoas com vocações à vida religiosa ou de solteiro, mas também aos casais. A Igreja ensina que o uso apropriado do sexo dentro do casamento é uma das maiores bênçãos de Deus, mas o mau uso deste bem pode levar à autodestruição espiritual.

Por vezes, grandes sacrifícios são necessários para se superar as tentações da luxúria, seja as que afligem a nós ou a nossos entes queridos. Essa não é uma luta que possamos vencer sozinhos; a graça de Deus é necessária. Ao mesmo tempo, não é uma vitória que será conquistada somente pedindo a ajuda de Deus. Nós mesmos devemos fazer uso da graça que Ele nos dá.

O mau uso do sexo é um pecado grave, mas Jesus veio para perdoar nossos pecados; Ele ira nos limpar e manter-nos puros se isso é o que realmente desejarmos.

PARA REFLETIR

> "A pureza de coração permitir-nos-á ver a Deus: desde já, permite-nos ver tudo segundo Deus."
>
> CATECISMO DA IGREJA CATÓLICA, paragráfo 2519

"Para preservar a pureza, três coisas são necessárias; a prática da presença de Deus, oração e os sacramentos; além da leitura de livros santos, pois isso nutre a alma."

SÃO JOÃO MARIA VIANNEY

"Quando tais tentações surgirem, a pessoa quenão tem recurso em Deus está perdida. A castidade é uma virtude que não temos força para praticar a menos que ela nos seja dada por Deus, e Deus não concede tal fortaleza exceto a alguém que pede por ela. No entanto, quem quer que reze e peça-a, irá certamente obtê-la."

SANTO AFONSO DE LIGÓRIO.

ALGO A SER TENTADO

Certa vez, uma prostituta abordou Santo Efrém, que concordou em segui-la *se* o lugar do pecado entre eles fosse a praça da cidade. Quando a mulher protestou, alegando a vergonha envolvida, Efrém respondeu: "Então você teme a vergonha perante os olhos dos homens, mas não perante os anjos de Deus?" Sempre que estiver em tentação, lembre-se que todos os seus pecados, sejam eles cometidos a sós ou com outros, são assistidos por toda a corte celestial.

São Filipe Néri aconselhou um jovem que lutava contra o pecado: "Reze a Salve-rainha sete vezes por dia e beije o chão dizendo 'amanhã posso estar morto!'" Esse conselho pode nos parecer estranho, mas funcionou; o jovem começou a superar suas faltas e a crescer em santidade. Quando tentado pela luxúria, recorde-se de que a morte pode chegar a qualquer momento e que nada impuro pode entrar no Reino de Deus (Efésios 5,5).

LEITURA ADICIONAL

Eclesiástico 9,8; Mateus 5,27-28;
1 Coríntios 6,18-20; Efésios 5,5.

Confissões, de Santo Agostinho;
Introdução à vida devota, de São Francisco de Sales.

***

Deus Todo-poderoso,
em quem vivemos e temos nosso ser,
Criastes-nos para Vós,
de maneira que temos nossos corações inquietos,
até encontrarmos repouso em Vós.
Concedei-nos fortaleza e pureza de coração
para que nenhuma paixão egoísta possa nos impedir
de conhecer a Vossa vontade,
que nenhuma fraqueza se interponha,
mas que em Vossa luz nós possamos ver a luz,
e em Vosso serviço possamos encontrar a liberdade perfeita,
por meio de Jesus Cristo Nosso Senhor.
Amém.

SANTO AGOSTINHO

XXII - PROBLEMAS CONJUGAIS

[Disse Jesus:] "Não separe, pois, o homem o que Deus uniu." MARCOS 10,9

É VERDADE QUE os casamentos são feitos no Céu? Sim, ao menos deveria ser assim. É parte do plano de Deus que um homem e uma mulher se unam pelo sacramento do matrimônio e passem a vida juntos, permanecendo fiéis e ajudando-se mutuamente, bem como a seus filhos, para que cresçam na graça e atinjam seu destino de felicidade eterna em Deus, ao mesmo tempo em que manifestam amor e apoio mútuos. Com frequência, no entanto, o plano do Senhor não se cumpre devido à fraqueza humana, a conflitos de personalidade, aos pecados de um ou ambos os cônjuges, a problemas familiares ou outras circunstâncias difíceis dos relacionamentos.

Muitos casamentos terminam em divórcio; muitos outros continuam, porém com pouco amor e problemas sérios de diversa natureza. Quando ambas as partes desistiram do casamento ou estão apenas "empurrando as coisas com a barriga", não há muito o que possa ser feito. Mas, e naqueles casos em que ao menos um dos cônjuges realmente tenta fazer o relacionamento funcionar? Ainda há esperança?

Jesus disse: "A Deus tudo é possível" (Marcos 10, 27). O Senhor respeita nosso livre-arbítrio, mas um coração endurecido pode ser abrandado, frequentemente pelo esforço heroico e paciente do cônjuge.

Um dos exemplos mais famosos disso é Santa Mônica. Ele teve de tolerar seu esposo pagão e licencioso, Patricius, sua sempre crítica mãe e três filhos teimosos, incluindo o desobediente Santo Agostinho. Mônica suportou a tudo com extraordinária paciência, tentando aproximar-se de sua família por meio da bondade e de um amor sem queixas. Ela nunca criticou seu marido, antes elogiava-o aos conhecidos, orava sem cessar por ele, ganhando gradualmente seu respeito, a ponto de fazer Patricius mudar de caráter e receber instrução cristã. Dessa forma, Mônica conseguiu também a conversão de sua sogra (a de Santo Agostinho levou mais tempo).

Santa Rita de Cássia teve uma experiência parecida. O marido que seus pais escolheram para ela, além de violento, insultava-a com frequência e era completamente infiel. Mas os dezoito anos de oração e paciência de Rita conduziram-no à sua conversão.

Na juventude, Santa Catarina de Gênova fazia vistas grossas às infidelidades de seu marido e, em vão, buscava diversões em distrações mundanas. Por fim, ela voltou-se para Deus e ofereceu suas dificuldades como uma oração em favor de seu marido. Suas orações foram atendidas e ele mudou de vida antes de morrer.

Santa Isabel de Portugal casou-se aos doze anos com Dom Dinis, monarca capaz, mas marido notoriamente infiel. As infidelidades de Dom Dinis duraram quarenta e um anos e, em certo momento, ele chegou a suspeitar de uma traição da esposa, banindo-a da corte por um período. Isabel o perdoou e rezou sem cessar por sua conversão, o que finalmente aconteceu em seu leito de morte.

No século XVIII, Santa Margarida d'Youville, a primeira canadense a ser beatificada, perdeu quatro de seus seis filhos ainda jovens. Seu marido, François, ofereceu-lhe pouco consolo em sua dor. Indiferente e um pouco sem-vergonha, ele passava seu tempo contrabandeando bebidas alcoólicas. Quando François caiu doente, Margarida tomou conta dele com todo o cuidado, ganhando sua gratidão, e quando ele morreu dois anos depois, ela assumiu suas dívidas. Em lugar de se queixar, a santa esposa comentou — talvez de forma um pouco melancólica: "Toda a riqueza do mundo não se compara com a felicidade de viver juntos, em uma união feliz."

Outra esposa a passar por um longo sofrimento foi a Beata Isabel Canori Mora, casada com um jovem advogado de Roma. Ele se revelou imaturo e infiel, e Isabel terminou na pobreza, apesar de corretamente prever que o marido iria, ao final, arrepender-se e corrigir-se.

No século XIII, Santa Zdislava foi forçada por sua família a casar-se com um rico nobre, com quem teve quatro filhos. Seu marido era por vezes violento, porém com sua gentileza e paciência, ela finalmente recebeu sua permissão para realizar atos de caridade (Em uma ocasião ele estava prestes a expulsar de sua casa um mendigo febril que estava lá a convite de sua esposa. Ao se preparar para fazê-lo, porém, encontrou a cama ocupada por uma figura do Cristo crucificado). Logo após a morte de Zdislava, ela apareceu a seu marido em glória, um evento que muito auxiliou em sua conversão.

Nem todos os santos foram bem-sucedidos na tentativa de influenciar seus cônjuges, no entanto. São Paulo, o Simples, ao descobrir aos sessenta anos de idade que sua mulher lhe era infiel, deixou-a e foi para o deserto tornar-se um seguidor de Santo Antão do Egito.

No século VIII, São Gomário, um vassalo do rei Pepino, o breve, teve uma esposa cruel e mundana, cuja vaidade, teimosia e extravagância tornaram sua vida muito infeliz. Em uma ocasião, enquanto ele estava fora a serviço do rei, ela conseguiu antagonizar a maior parte da casa ao recusar-se a dar aos ceifadores da colheita sua quota habitual de cerveja (algo garantido para tornar qualquer mulher impopular). Gomário tentou com afinco convertê-la e, durante um tempo, pareceu ter sucesso, porém sua esposa teve uma recaída e tornou-se ainda pior do que antes. Após outra tentativa malsucedida de mudar alguém que não estava disposto a mudar, o santo finalmente desistiu e partiu para passar o restante da vida em um mosteiro.

Em geral, os recém-casados não precisam de muito tempo para descobrir que a expressão "e viveram felizes para sempre" é algo reservado aos contos de fadas. A realidade nos força a encarar a fraqueza humana, incluindo o desleixo, os hábitos irritantes, a teimosia e outros incômodos. Além disso, os casais podem ter interesses, objetivos e opiniões diferentes, porém legítimos. Problemas inesperados podem surgir rapidamente; conflitos e mal-entendidos são quase inevitáveis. À luz de tal situação, São Francisco de Sales corretamente enfatiza a necessidade da graça divina desde o princípio do matrimônio: "Que bom seria se nosso abençoado Salvador fosse sempre convidado para todas as festas de casamento, como as de Caná. Dessa forma, o vinho da consolação e da benção não faltaria nunca."

Quando os casais conferem a Deus um papel central em suas vidas, o Seu amor é capaz de compensar o que quer que falte no relacionamento. No sacramento do Matrimônio, Deus junta um homem e uma mulher, e quando eles vivem de maneira a afirmar e fortalecer tal união, são ricamente abençoados por cooperar com o plano de Deus. Como manifestação prática disso, São Francisco de Sales sugere uma maneira de os casais celebrarem seus aniversários de casamento:

> Seria um hábito valioso se, em lugar de festas e celebrações mundanas, os maridos e as esposas dedicassem tal dia à Confissão e à Comunhão, bem como à oração mais fervorosa do que o normal, entregando sua vida de casados a Deus e renovando a resolução de santificá-la por meio da fidelidade e do amor recíprocos, tomando fôlego, por assim dizer, com a ajuda de Cristo em meio aos cuidados de sua vocação.

O romantismo e a intimidade possuem um papel importante no casamento; no entanto, se um casal quiser atingir a felicidade eterna, os aspectos espirituais e religiosos de sua relação não devem nunca ser esquecidos.

O casamento deve conduzir à felicidade neste mundo; tal objetivo, contudo, deve estar sempre subordinado à felicidade na vida futura. Se um casamento não é agradável ou vital, ele ainda assim pode ter valor espiritual, pois por meio da oferta fiel de tudo o que se vive como sacrifício a Deus bem como da oração pelo cônjuge, não importando o quão desagradável seja a experiência, a pessoa pode ainda conseguir a conversão de seu cônjuge e tornar possível sua salvação eterna. Não há nada que Deus peça de nós que seja tão importante quanto isso.

PARA REFLETIR

"A Sagrada Escritura começa pela criação do homem e da mulher, à imagem e semelhança de Deus, e termina com a visão das 'núpcias do Cordeiro' (Apocalipse 19,9). Do princípio ao fim, a Escritura fala do matrimônio e do seu «mistério», da sua instituição e do sentido que Deus lhe deu, da sua origem e da sua finalidade, das suas diversas realizações ao longo da história da salvação, das suas dificuldades nascidas do pecado e da sua renovação 'no Senhor' (1 Coríntios 7,39), na Nova Aliança de Cristo e da Igreja."

CATECISMO DA IGREJA CATÓLICA, parágrafo 1602

"Vou sugerir algumas penitências adequadas ao estado de matrimônio: humildade de coração, aceitação das adversidades, suavidade e amor pelos outros, aceitação da vontade de Deus, recolhimento de coração, recordação da Santíssima Paixão de Jesus Cristo, comunhão frequente e, acima de tudo, a educação dos filho."

SÃO PAULO DA CRUZ

"É vão imaginar que o amor é exaltado pelo ciúme. Este pode dar testemunho de que o amor é grande, mas não de que é bom, puro e perfeito, já que a perfeição do amor pressupõe a confiança na virtude do que amamos, enquanto o ciúme pressupõe a falta de confiança."

SÃO FRANCISCO DE SALES

ALGO A SER TENTADO

Supere as dificuldades com suave paciência. Santa Isabel de Portugal suportou a pesada cruz de um marido infiel por muitos anos. Quando foi criticada por ser demasiado leniente com as falhas do marido, ela respondeu: "Se o rei peca, devo perder a paciência e acrescentar minhas transgressões às dele? Prefiro confiar minhas tristezas a Deus e a Seus santos e tentar reconquistar meu marido pela suavidade." Tal abordagem é verdadeiramente heroica e, em muitos casos, talvez a única com chances de funcionar.

Lembre-se de que o casamento nem sempre é fácil. São Francisco de Sales afirma: "O estado do matrimônio exige mais virtude e constância do que qualquer outro. Trata-se de um exercício perpétuo de mortificação... Você deve, portanto, preparar-se com grande cuidado, de modo a ser capaz de extrair deste arbusto de tomilho, a despeito da natureza amarga de seu suco, o mel de uma vida santa." Assim, tente suportar com paciência e superar suas dificuldades conjugais, a fim de crescer em santidade e dar um bom exemplo a seu cônjuge. Da mesma maneira, ao oferecer tais dificuldades a Deus, você também poderá ajudar na conversão de seu marido ou de sua esposa.

LEITURA ADICIONAL

Efésios 5,21; Hebreus 13,4.

Introdução à vida devota, de São Francisco de Sales.

***

Pai do Céu,
Vós criastes o casamento porque
não era bom que o homem e a mulher estivessem sós.

Devo confessar, Senhor, que por vezes duvidei disso;
por vezes pensei que estaria melhor sozinho.
Meu casamento é difícil; sei que parte da culpa é minha,
mas parece que meu marido/minha esposa [nome]
não está disposto/a a cooperar comigo ou
a discutir nossos problemas.
Tocai seu coração, Senhor,
e reacendei o amor que costumava existir entre nós.
Protegei nossos filhos para que eles não saiam feridos
das dificuldades pelas quais estamos passando.
Ajudai-me a perdoar [nome] por tudo o que sofri
e a ser honesto admitindo as maneiras em que
falhei em meus deveres conjugais.
Fortalecei e abençoai todos aqueles que sofrem
em seus casamentos.
Abençoais também os casais que se preparam para casar;
que essa experiência se torne, e que permaneça,
para nós um caminho de graça e de esperança.
Volto-me para Vós neste momento de necessidade, Senhor;
ouvi minhas orações e respondei-me.

Virgem Maria, Mãe de Deus,
rogo para que vós e vosso santo esposo, São José,
possam obter para [nome] e para mim
as graças necessárias para restaurar e renovar nosso casamento.
Ensinai-nos como buscar a perfeição e
ajudai-nos a imitar Seu exemplo de amor.
Que o vosso Filho, Jesus, mostre-nos o caminho
para a paz e a felicidade duradoura.

Pai Nosso...
Ave Maria...
Glória ao Pai...

XXIII - ORGULHO

Revesti-vos de humildade; porque "Deus resiste aos soberbos, mas dá a sua graça aos humildes". Humilhai-vos, pois, debaixo da poderosa mão de Deus, para que ele vos exalte no tempo oportuno.

1 PEDRO 5,5-6

SANTO ANTÃO DO Egito teve uma visão na qual avistou o mundo inteiro coberto pelas ciladas e armadilhas de Satanás. Tomado por uma grande tristeza, ele gritou: "Deus meu, quem pode ter a esperança de escapar de tais ciladas, pois elas estão por toda parte?" E uma voz desceu dos céus, dizendo: "Aquele que é humilde." São João Bosco recebeu uma mensagem parecida em um sonho: Satanás, representado por um leão feroz, estava atacando e matando tantas pessoas quanto podia, mas ele não conseguia alcançar aqueles que se prostravam humildemente perante Deus.

Em seu leito de morte, prestes a deixar este mundo, que conselho você daria ao seus entes queridos? Que lição simples você gostaria que eles guardassem acima de tudo? Essa questão foi colocada ao santo bispo São Francisco de Sales durante sua agonia, no ano de 1622. Ele havia ficado doente na volta de uma viagem e parou num convento das Irmãs da Visitação, pedindo um quartinho simples na cabana do jardineiro. À medida que o fim se aproximava, ele sentia muita dor e não conseguia mais falar. Quando uma das irmãs deu-lhe papel e caneta e perguntou-lhe qual virtude ele desejava especialmente que as irmãs cultivassem, o santo escreveu com cuidado em letras grandes: *humildade.*

Todos os santos reconheceram a importância de ser humilde. Vemos numerosos exemplos disso, começando pelo maior santo de todos: a Virgem Maria. Ao saber pelo anjo Gabriel que ela seria mão do Salvador, ela humildemente respondeu: "Eis aqui a serva do Senhor. Faça-se em mim segundo a tua palavra" (Lucas 1,38). Logo depois, quando visitava sua prima, Santa Isabel, Maria louvou a Deus, dizendo: "Derrubou do trono os poderosos e exaltou os humildes" (Lucas 1,52).

O marido de Maria, São José, possuía também grande humildade, consciente de quão indigno era de viver com o divino Filho de Deus e com Sua imaculada mãe. A humildade, no entanto, não é uma questão de falsa modéstia ou de procurar desculpas para evitar fazer o que Deus pede de nós. José aceitou o fato de ter sido escolhido por Deus, a despeito de sua natureza pecadora, para ser o marido de Maria e o pai de criação de Jesus, e fez todo o possível para cumprir essa missão da melhor maneira possível.

Existem, é claro, casos de santos que lutaram com a virtude da humildade. Aqueles que recebem grandes bênçãos de Deus estão por vezes sujeitos à tentação de se crerem dignos de louvor por sua boa sorte. As Escrituras nos dizem que os apóstolos não estavam imunes a tal pensamento. São João disse uma vez a Jesus: "Mestre, vimos alguém, que não nos segue, expulsar demônios em teu nome, e lho proibimos" (Marcos 9,38 — em outras palavras, ele não era parte do "grupinho". Jesus corrigiu com suavidade Seu apóstolo favorito, explicando que todas as pessoas que fazem o bem em Seu nome deveriam estar unidas no amor e na aceitação. Em outra ocasião, a mãe e o irmão — São Tiago — de São João pediram a Jesus que seus filhos tivessem lugares de honra em Seu reino. Uma vez mais, o Senhor teve de corrigir Seus seguidores: a tarefa era glorificar a Deus, não a si mesmos (Mateus 20,20-28).

A virtude da humildade é importe precisamente porque ela nos impede de cair no *orgulho*, um dos sete pecados capitais. Foi o orgulho que causou a queda de Lúcifer, um dos maiores anjos. Muitos eruditos acreditam que o oráculo contra o rei da Babilônia presente no livro do profeta Isaías é, na realidade, uma referência ao Diabo:

> Então! Caíste dos céus, astro brilhante, filho da aurora!
> Então! Foste abatido por terra, tu que prostravas as nações!

> Tu dizias: "Escalarei os céus
> e erigirei meu trono acima das estrelas.
> Assentar-me-ei no monte da assembleia, no extremo norte.
> Subirei sobre as nuvens mais altas e me tornarei igual ao Altíssimo."
> E, entretanto, eis que foste precipitado à morada dos mortos,
> ao mais profundo abismo. ISAÍAS 14,12-15

Mesmo o líder dos apóstolos foi movido algumas vezes por um falso orgulho. São Pedro podia ser humilde — em certa ocasião, referiu-se a si mesmo como "um homem pecador" (Lucas 5,8), mas na Última Ceia ele não conseguiu admitir nem mesmo a possibilidade de que pudesse negar o Mestre. Pedro exclamou: "Mesmo que sejas para todos uma ocasião de queda, para mim jamais o serás." E quando Jesus previu que Pedro O negaria três vezes, o apóstolo insistiu: "Mesmo que seja necessário morrer contigo, jamais te negarei!" (Mateus 26,33-35). Utilizando o orgulho de Pedro, o Diabo tentou enganá-lo e controlá-lo (Lucas 22,31), mas o erro do apóstolo foi apenas temporário. De acordo com a Tradição, quando, mais de trinta anos depois, Pedro estava prestes a ser crucificado, ele pediu para ser pregado à cruz de ponta cabeça, pois não era digno de ser suspenso nela da mesma maneira que seu Senhor.

Antes de sua conversão, o jovem Santo Agostinho passou seus anos de estudante — e, depois, de professor — buscando a verdade, mas ela tinha de ser dada a ele de maneira a satisfazer seu orgulho. Agostinho certamente conhecia o cristianismo, afinal, sua mãe, Santa Mônica, era uma devota seguidora de Cristo. Ao ler a Bíblia, no entanto, ele era desencorajado por sua linguagem, que considerava áspera e crua, pensando que a beleza deveria ser tão sublime que somente intelectos superiores como o seu poderiam captá-la. Como explicou mais tarde: "Ao lê-la, o umbral me pareceu demasiado baixo, e não quis abaixar a cabeça para entrar." Apenas depois de muito anos ele foi capaz de descobrir onde a sabedoria realmente podia ser encontrada.

Uma experiência oposta pode ser vista na vida de São Basílio Magno, membro de uma das famílias mais notáveis da história da Igreja: sua avó, seus pais, sua irmã mais velha e dois irmão foram, como ele, canonizados. Basílio voltou para casa após receber uma excelente educação, porém um tanto carente de humildade, um defeito que sua irmã, Santa Macrina, assumiu a responsabilidade de remediar. Sua franca honestidade ajudou Basílio a trilhar o caminho da santidade.

Outro santo que precisou ser alertado contra o orgulho foi o abade do século VI, São Columbano. Conta-se que quando o santo tornou-se demasiado satisfeito com seu conhecimento e seus feitos intelectuais, Deus permitiu que ele sofresse temporariamente de uma perda de memória.

Deus humilha os orgulhosos, pois é apenas pela humildade que eles podem tornar-se e permanecer servos fiéis. Alguns santos aprenderam essa lição por experiência própria, incluindo o monge do século XI, o Beato Gunter. Apesar de parente de Santo Estêvão da Hungria e do imperador Santo Henrique, a santidade não lhe era fácil ou natural. Ele levou uma vida irreligiosa até os cinquenta anos, quando São Gotardo auxiliou sua conversão e ajudou-o a tornar-se monge. Após uma peregrinação a Roma, Gunter pediu, à luz de sua ascendência real, para ser feito abade do mosteiro. O pedido foi atendido, mas com resultados infelizes: atritos entre Gunter e os monges perturbaram a comunidade e São Gotardo repreendeu-o. Castigado por isso e por uma doença aparentemente mandada pelos Céus, Gunter esforçou-se, como um simples monge, para ser o mais humilde possível a partir de então. São Senoque, um abade do século VI, certa vez partiu em uma viagem durante a qual foi tratado com tanto respeito e deferência a ponto de inflar seu ego. Ele se arrependeu apenas depois de ter sido repreendido por São Gregório de Tours.

O bispo inglês São Tomás Becket lutou contra o orgulho. Conhecendo sua fraqueza, ele ordenou a diversos clérigos para que lhe alertassem de qualquer falta que vissem em sua conduta, pois, como dizia: "Quatro olhos veem melhor do que dois."

Em geral, os santos temiam tornar-se orgulhosos e, portanto, suportavam os problemas e humilhações da vida com paciência e até mesmo com gratidão. São José Calazans fundou uma ordem religiosa no século XVII, mas em um certo momento ele foi rebaixado na própria ordem, suportando essa e outras dificuldades sem se queixar.

São João Leonardi teve um problema parecido envolvendo a ordem religiosa que ele fundou. Durante um tempo de dificuldade, ele ficou com seu amigo São Filipe Néri, que lhe confiou uma importante responsabilidade: cuidar de seu gato. João, que não sofria de alergia a gatos, nem a humildade, não se queixou.

São Boaventura, o grande teólogo franciscano do século XIII, foi informado por um mensageiro que o papa o havia nomeado cardeal de Albano; quando tentaram lhe dar a o barrete cardinalício, ele pediu que a pendurassem em uma árvore, pois tinha ainda as mãos engorduradas após lavar a louça. Uma informalidade parecida era demonstrada pelo Papa São Pio X, que se sentia envergonhado da pompa da corte papal. Em lágrimas, ele comentou com um amigo: "Olhe como me vestiram." (Quando Pio foi eleito, sua mãe ajudou a mantê-lo em seu lugar. Após ter beijado o anel papal, ela estendeu a própria mão, mostrando sua aliança de casamento e disse: "Agora beije o *meu* anel, pois sem ele você nunca teria recebido o seu.")

Como muitos santos o sabiam, a obediência é um antídoto contra o orgulho. Santo Inácio de Antioquia sublinhou a importância da sujeição dos cristãos aos bispos legalmente ordenados, pois esse tipo de unidade agrada a Deus e é essencial para o crescimento e a força da Igreja. (A propósito, uma lenda a respeito de Inácio afirma que foi ele a criança que Jesus colocou em meio a seus apóstolos, quando estes estavam discutindo qual entre eles era o mais importante [Marcos 9,33-37]).

Santo Hipólito, um erudito brilhante porém temperamental que esteve insatisfeito com diversos papas (todos eles santos canonizados), fez-se eleger a si mesmo como papa rival, ou antipapa. No fim, ele encerrou o cisma que havia criado e morreu mártir.

Muitos outros santos nem sonhariam em opor-se às autoridades legítimas e muito menos em buscar poder e autoridade para si mesmos. São Francisco de Assis recusou-se a ser ordenado padre, acreditando-se indigno. São Martinho de Porres pediu para ser um "auxiliar leigo" na Ordem Dominicana, pois acreditava não merecer a dignidade de irmão religioso. Após sua morte, São Bruno, o fundador da Ordem Cartuxa nunca foi formalmente canonizado, pois ele e todos os membros de sua ordem têm por princípio recusar toda a publicidade e todas as honrarias. (Não por coincidência, talvez, os Cartuxos são uma das poucas ordens religiosas que nunca precisaram alterar sua constituição ou passar por reformas significativas.)

Outro santo conhecido por sua humildade foi São Crispim de Viterbo, um irmão leigo franciscano do século XVIII. Ele ficava feliz ao receber tarefas servis, pois chamava a si mesmo de "pequena besta de carga dos Capuchinhos". Crispim não era apenas pessoalmente humilde, mas não se furtava de recordar aos muitos visitantes importantes que vinham vê-lo, incluindo bispos e cardeais, da necessidade de se arrepender do pecado do orgulho.

Também conhecido por sua humildade era Santo Tomás de Aquino. Seu silêncio durante as aulas na Universidade de Colônia deu origem ao apelido de "Boi Mudo", e um colega gentil ofereceu-se para explicar-lhe a lição todos os dias. Tomás, dono de uma das mentes mais brilhantes de todos os tempos, aceitou com gratidão. Quando seu "tutor" deparou-se com uma passagem difícil, Tomás surpreendeu-o com uma explicação clara e concisa.

Aqueles que desejam ser grandes aos olhos de Deus devem ser humildes, mas não falsa ou excessivamente humildes. Quando um relutante Cardeal Albani foi eleito papa em 1700, seu confessor, São José Tomási (que estava com ele no Conclave), ordenou-o que aceitasse, sob o risco de incorrer em pecado, e assim o cardeal tornou-se o Papa Clemente XI. Doze anos mais tarde, o papa teve seu "ajuste de contas", ao obrigar o humilde Padre Tomási a aceitar o cardinalato, sabendo que, a despeito de seus protestos, ele tinha muito a oferecer à Igreja. Em certa ocasião, José referiu-se a si mesmo, na presença de um tio, como alguém que não servia para nada; o tio repreendeu-o, dizendo-lhe para ser humilde e não abjeto.

Santa Isabel Ana Seton explica o perigo do orgulho: "A porta do Céu é baixa; somente os humildes podem entrar por ela". A humildade é essencial em nossos esforços para nos tornarmos virtuosos. São Vicente de Paula afirma que se carecermos de humildade, todas as nossas outras virtudes murcharão. São João Maria Vianney expressa a mesma ideia: "A humildade está para as outras virtudes como a corrente está para o Rosário; retire a corrente e as contas se espalham, remova a humildade e todas as virtudes desaparecem." São João Crisóstomo nota: "A humildade é a mãe, raiz, enfermeira, fundação de todas as outras virtudes."

É mais fácil, obviamente, ser humilde em alguns momentos do que em outros. São Bernardo de Claraval observa: "Há pouco mérito em ser humilde quando se está por baixo, mas ser humilde no momento dos elogios é uma conquista grande e rara." A esse respeito, São Luís IX da França nos aconselha: "Na prosperidade, agradeça a Deus com humildade e medo, a fim de evitar que, pelo orgulho, você abuse dos benefícios de Deus e assim O ofenda."

Como atingir e manter um espírito humilde? O primeiro passo é lembrar-nos de nossa total dependência de Deus. São João de Ávila sugere: "Diga ao Senhor: 'Sou barro, e vós, Senhor, o oleiro. Fazei de mim o que quiserdes.'" São João Maria Vianney apresenta outra imagem útil: "A humildade é como uma balança: quanto mais desce um dos braços, mais sobe o outro. Devemos nos humilhar como a Bem-aventurada Virgem Maria, e seremos exaltados."

Imitar Nossa Senhora e pedir sua intercessão são os meios mais seguros e fáceis de crescer em humildade, ou em qualquer outra virtude. Esse foi o método utilizado por Santa Bartolomea que, quando criança, escreveu em seu diário: "Proponho tornar-me santa pela prática de três virtudes: humildade, negação de mim mesma e oração. Maria, minha querida Mãe, por favor, ajudai-me tornar-me santa." Quando combinamos essas práticas com o amor ao próximo, nossa vida espiritual frutificará, pois, como notou São Poemen: "Uma fé viva consiste em pensar pouco de si mesmo e em possuir ternura para com os demais."

A humildade nos torna muito agradáveis a Deus e, muitas vezes, às pessoas ao nosso redor. Um dos santos mais amados foi também dos mais humildes. Santa Teresinha do Menino Jesus desenvolveu o que chamou de "pequeno caminho". Sabendo que como uma simples Carmelita (em especial uma com pouca saúde) ela nunca faria "grandes" coisas, Teresa decidiu tornar-se santa preenchendo cada hora de suas ações, não importando quão pequenas ou rotineiras, com o maior amor possível. Essa é a essência da humildade: amar a Deus e ao nosso próximo tanto quanto possível, e deixar o máximo de espaço em nossas vidas para que a graça de Deus nela penetre.

PARA REFLETIR

> "Se você buscar um exemplo de humildade, olhe para o Crucificado, pois Deus desejou ser julgado por Pôncio Pilatos e morrer."
>
> SANTO TOMÁS DE AQUINO

> "A arma mais poderosa para conquistar o Demônio é a humildade. Pois como ele não tem a mínima ideia de como empregá-la, tampouco sabe defender-se dela."
>
> SÃO VICENTE DE PAULA

ALGO A SER TENTADO

Em suas *Admoestações*, São Francisco de Assis escreve: "Se você fosse o mais belo e rico dos homens, e pudesse operar milagres e expulsar os demônios, tudo isso lhe seria extrínseco, não lhe pertenceria e você não teria o direito de se jactar. Há uma coisa, no entanto, da qual podemos todos nos jactar: de nossa humildade e de tomarmos a cada dia a santa cruz de Nosso Senhor Jesus Cristo." Lembre-se você também de que nada de que possa constituir motivo de orgulho é realmente obra sua, nada além da escolha de seguir a Jesus, e que, mesmo nisso, a ajuda Dele é necessária para perseverar. Tire um momento para pensar em tudo do que você se orgulha a seu respeito e em sua vida. Depois se pergunte se teria algo disso sem a permissão e ajuda de Deus. Dê a cada um o que é seu; louve e agradeça a Ele, não a você mesmo.

Use a humildade para proteger suas virtudes. Santa Sinclética, uma virgem do século IV, escreveu: "Um tesouro está seguro enquanto permanece escondido, mas uma vez descoberto a todo bravo invasor, ele é saqueado. Dessa forma, a virtude está segura enquanto secreta, mas se exposta de maneira imprudente, ela também se evapora." Assim, tenha por princípio *não* ostentar as suas virtudes, pois quanto mais você as ostenta, maior é a chance de que elas enfraqueçam e desapareçam.

LEITURA ADICIONAL

Provérbios 11,2; Eclesiástico 11;12-13;
Mateus 11,29; Mateus 18,1-5.

Tratado sobre o amor de Deus, de São Bernardo de Claraval;
Introdução à vida devota, de São Francisco de Sales;
A prática do amor a Jesus Cristo, de Santo Afonso de Ligório.

***

Senhor,
todos os nossos poderes de corpo e alma,
todos os dons, naturais e sobrenaturais, interiores e exteriores
vêm como um dom de Vós
e revelam Vossa bondade, generosidade e amor,
pois Vós nos destes tudo o que é bom.
Vós sabeis o melhor para cada um,
e como conheceis os méritos de todos,
a Vós, e não a nós, cabe decidir
porque uns tem mais e outros menos
e assim, Senhor Deus,
posso considerar uma enorme bênção
se não tenho muito que me traga
os elogios e as glórias dos homens,
pois quando não se tem muito,
é possível olharmos para nossa pobreza e falta de valor
e, longe de nos sentirmos tristes e sobrecarregados,
podemos nos sentir reconfortados e felizes,
pois são os pobres e os humildes,
os desprezados aos olhos do mundo
que foram escolhidos por Vós,
para serem os membros de Vosso lar.

TOMÁS DE KEMPIS

XXIV - PREGUIÇA

A preguiça cai no torpor:
a alma indolente terá fome.
PROVÉRBIOS 19,15

A PREGUIÇA — também conhecida como negligência ou acídia — não diz respeito ao lazer ou ao descanso legítimos; quando trabalhamos duro, precisamos de um tempo para recarregar as baterias. Além disso, devem haver períodos regulares para diminuirmos o ritmo da vida, a fim de apreciarmos Deus, Sua criação e as pessoas ao nosso redor. Isso, claro, é parte do sentido do terceiro mandamento; o domingo deve ser um dia de oração, para darmos a Deus o que lhe é devido, e um dia de descanso, para darmos a nós mesmos o que nos é devido. Muitas pessoas deixam a desejar em ambos os casos, trabalhando demais ao mesmo tempo em que não são capazes de criar um espaço para Deus em suas vidas.

O descanso espiritual e físico é uma exigência moral e emocional, mas é certamente possível ir ao outro extremo e tornar-se preguiçoso. Quando pensamos apenas em nosso próprio conforto e não estamos dispostos a nos esforçar pelos demais; quando negligenciamos nossos deveres — sejam eles físicos ou espirituais, seculares ou religiosos — estamos sendo preguiçosos. Trata-se de um pecado, e pode conduzir-nos a outros pecados. Com a ajuda de Deus e a inspiração dos santos, no entanto, todos podem superar a preguiça.

Quando pensamos nos santos, imaginamos pessoas dinâmicas e cheias de energia. São Paulo, por exemplo, possuía uma resistência notável, pois sentia uma compulsão interior para pregar o Evangelho ao maior número possível de pessoas. Todos os santos estavam dispostos a carregar sua cruz diariamente e, por vezes, essa cruz envolvia o cansaço físico ou emocional. Com a ajuda de Deus, eles perseveraram, mas nem sempre foi fácil.

São Leão Magno foi capaz de escrever: "Sou ao mesmo tempo fraco e preguiçoso no cumprimento dos deveres do meu cargo..." O notável papa do século V realizou muitas coisas, mas tentou fazer ainda mais em nome de Cristo. Esse tipo de atitude nobre não foi tão fácil para todos os santos. São Vicente de Paula, o querido padre francês, por exemplo, ficou conhecido por seu incansável trabalho pelos pobres, mas ele não teve tanta dedicação desde o princípio. Nos primeiros dez anos de sacerdócio, ele esteve bem feliz com uma vida quieta e pacífica, na qual a Igreja cuidava de suas necessidades e o protegia dos desafios mais difíceis. Foi somente depois de colocar-se sob a influência de um sábio e santo sacerdote chamado Padre de Berulle que Vicente começou a ouvir, e a responder, um chamado mais profundo de Deus.

Uma tendência para a preguiça pode nos impedir de cumprir o plano que Deus nos reservou, permitindo que caiamos em tentação, pois "cabeça vazia é oficina do Diabo". De acordo com Santa Joana de Chantal: "O Inferno está repleto de pessoas talentosas, o Céu, de pessoas cheias de energia." Em outras palavras, seremos julgados não pela quantidade de talentos que temos, mas sim por como usamos os que nos foram dados. Vista dessa forma, uma aversão ao trabalho — tanto no sentido físico de trabalhar para ganhar a vida quanto no sentido espiritual de buscar a verdade — pode ser um perigo moral muito sério. Um dos motivos pelos quais Santo Agostinho teve um caminho tão longo e difícil para a santidade foi que ele "pegou um desvio" ainda jovem. O pai de Agostinho não conseguiu mais pagar a educação do filho, assim o jovem voltou para casa aos dezesseis anos sem nada para fazer, caindo numa vida preguiçosa e sensual, para horror de sua mãe, Santa Mônica. Mesmo após ter retomado uma vida um pouco mais ativa, seus pecados contra a castidade — começados durante seu período de indolência —

continuaram por muitos anos, até que finalmente as orações da mãe ajudaram em sua conversão.

Agostinho compensou sua preguiça juvenil trabalhando muito durante seus 35 anos como bispo de Hipona, no norte da África. Em particular, ele escreveu diversos livros e milhares de sermões, comentários às Escrituras e tratados teológicos. (Manter-se ocupado desse jeito também ajudou-o a superar sua tendência para as oscilações de humor e a depressão.)

A Igreja Católica sempre ensinou que não podemos *ganhar* nossa salvação por nossos próprios esforços e boas ações. A redenção é uma dádiva livre e imerecida ofertada a nós por meio de Jesus Cristo. Nós devemos, porém, *aceitar ativamente* essa dádiva. Em lugar de estarmos à deriva na vida, devemos estar ativamente envolvidos na tarefa de fazer a vontade de Deus — como os servos fiéis aguardando o retorno de seu senhor (Lucas 12,37). Esse tipo de resposta comprometida de nossa parte obviamente inclui o cumprimento de nossos deveres seculares na família ou na comunidade, em lugar de nos aproveitarmos da generosidade dos outros. De fato, São Paulo diz: "Quem não quiser trabalhar, não tem o direito de comer" (2 Tessalonicenses 3,10).

Ainda mais importante do que isso, no entanto, é o cumprimento de nossos deveres espirituais. O *Catecismo da Igreja Católica*, no parágrafo 2733, define a acídia como "uma forma de depressão devida ao relaxamento da ascese, à diminuição da vigilância, à negligência do coração". Se deixamos de rezar e frequentar a missa, ou se simplesmente seguimos os demais, se negligenciamos as oportunidades de aprendermos mais sobre nossa fé e de buscarmos oportunidades de crescimento espiritual, se não nos esforçamos para ouvir e responder o chamado de Deus, somos espiritualmente preguiçosos. Tal condição não apenas ofende a Deus, mas também aumenta as chances de que sejamos como a semente lançada entre os espinhos, que se torna infrutuosa. Combater tal situação exige a determinação de colocar a vontade de Deus diante da nossa, bem como constantes orações pedindo coragem, energia e fortaleza para fazer o que Deus exige de nós.

O trabalho duro é geralmente parte da vida e, certamente, parte do crescimento em santidade, apesar de, como notamos antes, ser necessário separar tempo suficiente para nós mesmos e para Deus. Isso pode levar a críticas ou mal-entendidos. Por exemplo, após converter-se ao cristianismo, a Beata Kateri Tekakwitha recusou-se a trabalhar aos domingos. Seus pais acusaram-na de ser preguiçosa e desrespeitosa, passando a tratá-la de maneira muito severa. No entanto, somos chamados a colocar a Deus em primeiro lugar, tanto no trabalho quanto no descanso, pois nada do que fazemos pode frutificar verdadeiramente sem Ele.

O santo que melhor entendeu isso foi, é claro, São José, celebrado no dia 1º de maio como José Operário, patrono de todos os que trabalham para viver (e talvez também como daqueles que buscam superar a preguiça). Ele levou uma vida de trabalho duro, honestidade e humildade, com a oração servindo de fundação a todas as suas ações. Se buscarmos sua intercessão e tentarmos seguir seu exemplo, poderemos também um dia sermos recebidos no Céu, onde encontraremos o repouso após nossos trabalhos (Apocalipse 14,13).

PARA REFLETIR

> "Lembre-se de que você será culpado não por ser ignorante contra sua vontade, mas por negligenciar a busca daquilo que o torna ignorante."
>
> SANTO AGOSTINHO
>
> *(Somos responsáveis por buscar a vontade de Deus, e depois agir sobre ela.)*

"A ociosidade gera uma vida de descontentamento. Ela desenvolve o amor de si mesmo, a causa de todas as nossas infelicidades, e nos torna indignos de receber os favores do amor divino."

SANTO INÁCIO DE LOYOLA

"Façam fielmente o que Deus exige de vocês a cada momento, e deixem o pensamento de tudo o mais por conta Dele. Eu garanto que viver dessa forma lhes trará uma grande paz."

SANTA JOANA DE CHANTAL

ALGO A SER TENTADO

São Benedito José Labre costumava dizer aos mendigos e aos sem-teto: "Tentem trabalhar se puderem. Se não conseguirem trabalhar, sejam bons com as pessoas que cuidam de vocês." Em outras palavras, todos temos certas responsabilidades a despeito do lugar que ocupamos na vida. Isso inclui demonstrar respeito e apreço por aqueles que nos ajudam. O que, na verdade, pode ser uma razão para trabalhar: quando você tiver de fazer algo que preferiria evitar, encare isso como uma oportunidade de dizer "obrigado" a Deus ou a seus entes queridos. (Ações falam mais alto do que palavras — assim, se você estiver grato *de verdade* levante e faça algo para mostrar tal gratidão!)

Se você estiver tendo dificuldades de motivação para realizar uma tarefa difícil ou desinteressante, comece com uma oração. São Bento aconselhou os membros de sua ordem: "Sempre que começais qualquer boa obra, deveis primeiro fazer um apelo a Cristo, Nosso Senhor, para levá-la à perfeição..." Peça a ajuda de Deus e então *comece*. Uma vez que você tenha feito a sua parte colocando o projeto em curso, o Senhor o ajudará a mantê-lo.

LEITURA ADICIONAL

Provérbios 6,9-11; 20,13; Mateus 11,28-29;
I Tessalonicenses 3,7-10.

A prática do amor a Jesus Cristo, de Santo Afonso de Ligório;
Introdução à vida devota, de São Francisco de Sales.

***

Recebei-me no louvor e na glória de Vosso nome,
que preparou Vosso corpo e sangue
para ser minha carne e minha bebida.
Concedei, Senhor Deus meu Salvador,
que com a vinda de Vossos mistérios,
o zelo de minha devoção possa aumentar.

TOMÁS DE KEMPIS

XXV - ARIDEZ ESPIRITUAL

Ó Deus, Vós sois o meu Deus,
com ardor Vos procuro.
Minha alma está sedenta de Vós,
e minha carne por Vós anela
como a terra árida e sequiosa, sem água.
SALMO 62,2

TODOS PASSAMOS POR períodos em nossas vidas espirituais em que rezar é difícil, maçante ou insatisfatório, em que sentimos que nos movemos apenas por impulso, sem sentir a presença de Deus e nos quais começamos a nos perguntar se não estamos apenas perdendo tempo. Nossos esforços para encontrarmos a Deus parecem um fracasso e certamente não O vemos correndo atrás de nós. Temos a impressão de que o Senhor se afastou de nós e que as devoções religiosas e orações que costumavam nos parecer úteis ou atraentes deixam de sê-lo. Nossa vida espiritual parece tornar-se acinzentada, tomada por uma sensação de irrealidade na qual perdemos o foco e o senso de direção. E não nos sentimos capazes de fazer nada para mudar isso.

Essa experiência de aridez espiritual não indica nenhum tipo de falha de nossa parte; ela não quer dizer que ofendemos a Deus e fizemos com que Ele se afastasse de nós, ou que as nossas altitudes religiosas anteriores tenham sido imaginárias nem que tenhamos finalmente descoberto a realidade normal e estável da oração. Não, a aridez espiritual — devido à nossa natureza humana imperfeita e aos efeitos do Pecado Original — é a experiência quase inevitável daqueles que perseveram em seus esforços para se aproximar de Deus. São Filipe Néri aconselha: "Como regra geral, as pessoas que buscam uma vida espiritual começam com a doçura e, mais tarde, passam ao amargo. Então, agora, fora com toda a tepidez, arranquem as máscaras, carreguem sua cruz, não deixem que ela os carregue."

Deus permite que passemos por períodos de teste e crescimento para que possamos progredir em nossa vida espiritual. São Paulo escreve: "Quando eu era criança, falava como criança, pensava como criança, raciocinava como criança. Desde que me tornei homem, eliminei as coisas de criança" (1 Coríntios 13,11). Seu exemplo de crescimento e desenvolvimento pessoal se aplica aqui: muito possivelmente, a razão pela qual nossas experiências satisfatórias anteriores com a oração já não nos parecem tão interessantes é porque o Senhor nos está chamando para um fé mais madura, que requer fundações mais profundas.

Essa experiência pode ser comparada a uma mudança de cidade, o que costuma ser difícil. Temos de deixar para trás lugares e experiências positivas, trocando-os por um local que nos será desconhecido e, provavelmente, desconfortável, ao menos a princípio. Esse tipo de mudança, no entanto, pode ser necessária ou benéfica para nossa carreira e, se dermos a ela uma chance, pode mesmo representar uma grande bênção.

Deus frequentemente nos chama da mesma maneira. Por vezes, a transição de um estágio a outro é desconfortável, confusa e pode nos parecer um período de aridez espiritual. Se perseverarmos, porém, nossos esforços serão recompensados e nossa relação com Deus será renovada e enriquecida.

Os santos conheciam a aridez espiritual. Podemos pensar que, devido à grande santidade e dedicação exclusiva deles a Deus, eles possuíam uma consciência constante de Sua presença. Na verdade, muitas vezes isso não aconteceu, e eles passaram por alguns combates espirituais iguais aos nossos. Eles se tornaram santos, no entanto, ao abandonarem-se radicalmente à vontade de Deus, numa atitude de profunda confiança, perseverando naquilo que sabiam ser agradável a Ele — oração e obediência — mesmo se isso lhes parecesse difícil e insatisfatório.

Santo Inácio de Loyola fala de tempos de consolação, quando a oração é fácil, feliz e satisfatória, e de tempos de desolação, quando a oração é árida, desconfortável e insatisfatória.[9] Deus nos dá a consolação para nos renovar e recompensar por nossa fidelidade espiritual, e permite a desolação para nos purificar de nossos apegos, bem como para nos recordar da absoluta dependência que temos Dele. A consolação é valiosa porque nos encoraja a continuar com nossas orações e devoções, mas é nossa fidelidade em tempos de desolação que nos permite fazer grandes progressos espirituais. Orar quando a oração é fácil é algo bom, mas não constitui prova de que não estamos com Deus apenas nos bons momentos. Orar quando a oração é difícil agrada sumamente ao Senhor, pois isso mostra que nosso desejo de conhecê-Lo é profundo e genuíno. Deus nos conhece muito melhor do que conhecemos a nós mesmos, e Ele ordena todas as coisas para nosso benefício. Santo Agostinho exclamou: "Deus, Tu buscas aqueles que se escondem de Ti, e Te escondes daqueles que Te buscam!" Se perseverarmos nesse jogo de esconde-esconde espiritual, seremos os vencedores.

Uma descrição maravilhosa da aridez espiritual, ou desolação, bem como da resposta apropriada a ela, nos é dada na *História de uma alma*, a autobiografia de Santa Teresinha do Menino Jesus. Ela escreve:

> Deveria ter-vos falado do retiro que antecedeu minha profissão; não me trouxe consolações, mas a mais absoluta aridez, quase o abandono. Jesus dormia como sempre no meu barquinho; ah! vejo que raramente as almas o deixam dormir sossegado nelas. Jesus fica tão cansado de sempre dar os primeiros passos e pagar as contas, que se apressa em aproveitar o descanso que eu lhe propicio. Provavelmente não acordará antes do meu grande retiro de eternidade, mas,

9 Ver também o capítulo VI, "Depressão".

em vez de causar-me tristeza, isso me alegra extremamente. Verdadeiramente, estou longe de ser santa, só isso o prova bem; em vez de me regozijar com a minha aridez, deveria atribuí-la a minha falta de fervor e de fidelidade, deveria ficar aflita por dormir durante minhas orações e minhas ações de graças, mas não, não me aflijo. Penso que as criancinhas agradam tanto seus pais quando dormem como quando estão acordadas, penso que para fazer cirurgias os médicos adormecem seus pacientes. Enfim, penso que: "O Senhor vê nossa fragilidade, que Ele não perde de vista que somos apenas pó."

Em uma carta a sua irmã, Celine, Santa Teresinha escreve também:

Santa Teresa [de Ávila] diz que devemos alimentar o fogo do amor. Quando estamos na escuridão, na aridez, não há lenha ao nosso alcance, mas certamente estamos obrigados pelo menos a atirar ao fogo pedacinhos de palha. Jesus tem poder suficiente para manter o fogo ardendo sozinho, no entanto, Ele se alegra quando acrescentamos um pouco de combustível; trata-se de uma pequena atenção que lhe dá prazer, e então Ele lança grandes quantidades de lenha ao fogo. Nós não O vemos, mas sentimos a força do calor do amor. É algo que já tentei, quando não sinto nada, quando sou incapaz de rezar ou de praticar a virtude, então é o momento de buscar pequenas ocasiões, nada dá mais prazer a Jesus do que o império do mundo, mais até que o martírio generosamente suportado. Por exemplo, um sorriso, uma palavra amistosa, quando eu preferiria não dizer nada ou ter um ar aborrecido... Entende? Não se trata de fazer minha coroa, de receber méritos, mas de dar prazer a Jesus... Quando não encontro ocasião, pelo menos quero continuar dizendo a Ele que O amo; não é difícil e mantém o fogo ardendo, mesmo se o fogo do amor parecer completamente extinto, é preciso jogar algo nele e então Jesus pode voltar a acendê-lo...

Muitos santos atravessaram longos períodos de aridez espiritual, incluindo Santa Maria Madalena de Pazzi, cujos cinco anos de aridez incluíram violentas tentações e muitas dores físicas; São José de Cupertino, que sofreu de uma severa melancolia durante quase 13 anos; Santo Afonso Rodriguez, que experimentou a desolação ao envelhecer; São João da Cruz, cujos profundos escritos sobre a *Noite escura da alma*[10] foram baseados em seu profundo sofrimento; Santo Antônio Maria Claret, que muitas vezes não conseguia rezar de nenhuma outra maneira a não ser pela recitação de orações vocais; Santa Luísa de Marillac, cujo medo de que seus pecados tivessem sido responsáveis pela doença de seu marido terminaram por causar-lhe longos períodos de aridez e dúvidas; Santo Hilário, que respondeu com perseverança sincera quando oprimido pela angústia que sentia porque suas orações pareciam não ser atendidas; e Santa Maria Josefa Rossello, que — a despeito da depressão e do medo de estar condenada ao Inferno — perseverou na fé, dizendo às irmãs de sua comunidade religiosa: "Agarrem-se a Jesus. Existe Deus, a alma e a eternidade; o resto não é nada."

Baseados em suas árduas vitórias espirituais, os santos possuem valiosos conselhos a nos dar sobre como perseverar quando a oração parece difícil e insatisfatória. Primeiro, Santa Joana de Chantal nos assegura: "O grande método de oração é não ter nenhum. Se, ao aproximar-se da oração, a pessoa é capaz de formar em si mesma uma capacidade pura para receber o espírito de Deus, isso será método suficiente." Assim, não devemos nos preocupar excessivamente sobre *como* rezar, mas sim focar-nos no *por que*, e Santo Afonso de Ligório nos recorda a razão: "Essa é a resposta sempre que você se sentir tentado a deixar de rezar porque isso lhe parece perda de tempo, 'estou aqui para agradar a Deus.'" A medida da oração não é se ela nos agrada, mas sim se agrada a Deus, e se nossa disposição em perseverar, por sua vez, ajudará nosso crescimento espiritual. Como

10 Um período de intensa e prolongada desolação espiritual.

nota São João Eudes: "É possível ir mais longe na graça em uma hora durante um momento de aflição do que em muitos dias durante um tempo de consolação."

Em termos de respostas específicas à aridez espiritual, São João Maria Vianney nos diz que o Senhor, apesar de invisível aos olhos humanos, está sempre presente no tabernáculo. Portanto, sentar-se em silêncio ou ajoelhar-se perante o Santíssimo Sacramento na igreja pode ser uma maneira efetiva e valiosa de oração, mesmo se tivermos a impressão de que nada acontece. O santo também sugere: "Se você não conseguir rezar, esconda-se detrás de seu anjo da guarda, e encarregue-o de rezar em seu lugar."

Uma abordagem complementar, ainda que um pouco diferente, é oferecida por São Paulo da Cruz, ao escrever: "Quando, em oração, você estiver seco como o pó, não pare, continue. Use orações curtas, especialmente atos de aceitação da Vontade Divina. Por exemplo: "Vontade de meu Deus, para sempre bendita sejas! Suave Vontade, por todos sempre cumprida sejas!" Orações breves como essas seguem os ensinamentos de Nosso Senhor para rezarmos de maneira simples e sincera (Mateus 6,7-13).

A fidelidade diante da aridez espiritual, seja em nossas orações, seja em nossos esforços para realizarmos boas ações, tem muito mais valor do que se supõe. De acordo com São Francisco de Sales: "Nossas ações são como rosas, que são mais belas quando frescas, mas mais fortes e perfumadas quando secas. Da mesma forma, as obras realizadas com ternura de coração nos são mais agradáveis, porque olhamos apenas para nossa satisfação. No entanto, quando realizadas em tempos de aridez, elas possuem maior doçura e tornam-se mais preciosas aos olhos de Deus."

Os santos levaram essa lição a sério e perseveraram; eles não desistiram de si mesmos nem de Deus. Ao fazer isso, eles nos mostram o caminho correto em meio às nossas águas espirituais turbulentas. Se não conseguimos rezar, podemos ofertar a Deus nossa incapacidade de fazê-lo; se não conseguimos sentir a presença de Deus, podemos confiar que Ele nos ouve; se não nos sentimos amados ou capazes de amar, podemos escolher amar a Deus (pois o amor não é, primariamente, um sentimento, mas sim um ato da vontade). As consolações irão retornar se perseverarmos por tempo suficiente. O Céu aguarda aqueles que perseveram na fé. Jesus nunca nos abandona; ao contrário, ele abençoa os que confiam plenamente Nele.

PARA REFLETIR

> "Outra dificuldade, especialmente para os que querem rezar com sinceridade, é a aridez. Faz parte da oração em que o coração está seco, sem gosto pelos pensamentos, lembranças e sentimentos, mesmo espirituais. É o momento da fé pura, que se aguenta fielmente ao lado de Jesus na agonia e no sepulcro. 'Se o grão de trigo morrer, dará muito fruto' (João 12,24). Se a aridez for devida à falta de raiz, por a Palavra ter caído em terreno pedregoso, o combate entra no campo da conversão."
> CATECISMO DA IGREJA CATÓLICA, parágrafo 2731

> "Deus valoriza em você uma inclinação para a aridez e para o sofrimento por amor a Ele mais do que todas as consolações, visões espirituais e meditações."
> SÃO JOÃO DA CRUZ.

> "Não há nada tão proveitoso, nada tão frutífero durante os estados de aridez e esterilidade quanto não desejar livrar-se deles. Não digo que não devamos sequer desejar a libertação, mas que não devemos colocar nela nosso coração. Dessa forma, entregamo-nos à pura misericórdia e à especial Providência Divina, para que Ele possa fazer uso de nós para

servi-Lo entre os espinhos e o deserto pelo tempo que melhor Lhe aprouver."

SÃO FRANCISCO DE SALES.

ALGO A SER TENTADO

De acordo com Santa Teresa de Ávila: "Não temos como saber se amamos ou não a Deus, apesar de haver fortes indícios de que O amamos, mas podemos sim saber se amamos o próximo. E esteja certo que quanto mais avançado você se veja no amor ao próximo, mais avançado estará no amor a Deus. A fim de compensar-nos pelo amor ao nosso próximo, Deus aumentará por mil o amor que temos por Ele." Assim, na medida em que você tentar amar os demais de forma prática (especialmente aqueles de quem você não gosta e os necessitados), você certamente crescerá no amor a Deus, mesmo se suas orações forem estéreis e insatisfatórias.

São Paulo da Cruz aconselha: "Nunca abandone a oração devido à aridez ou à insatisfação. Permaneça perante Deus, inteiramente mergulhado em seu santo amor, desapegado de todo desejo de prazer. Pode ser útil lançar pequenos dardos de amor, tais como 'Deus meu, meu verdadeiro bem, a Ti pertenço!', e então permanecer em paz."

LEITURA ADICIONAL

Salmo 13,2-4; 42,1-3;
Isaías 58,9; Marcos 13,13.

Tratado da conformidade com a vontade de Deus e *A prática do amor a Jesus Cristo*, de Santo Afonso de Ligório; *Introdução à vida devota*, de São Francisco de Sales.

***

Suprema e inacessível Luz,
completa e abençoada Verdade,
quão distante estais de mim,
apesar de eu estar tão próximo de Vós!
Quão remota estais de minha vista
apesar de eu estar presente à Vossa!
Estais inteiramente por toda parte,
e ainda assim não Vos vejo.
Em Vós me movo e tenho meu ser,
e, no entanto, não consigo abordar-Vos.
Estais dentro de mim e ao meu redor,
e, no entanto, não Vos percebo.
Deus, permiti que eu Vos conheça e Vos ame,
para que em Vós eu encontre minha alegria.
E isso não for possível plenamente nesta vida
permiti-me ao menos progredir um pouco todos os dias,
até que finalmente aquele conhecimento, amor e alegria
venham a mim em toda a sua plenitude.

SANTO ANSELMO

XXVI - TENTAÇÕES

Deus é fiel: não permitirá que sejais tentados além das vossas forças, mas com a tentação ele vos dará os meios de suportá-la e sairdes dela. 1 CORÍNTIOS 10,13

QUAL É A única coisa que *todos* os seres humanos ao longo da história tiveram em comum ao atingirem a idade do pleno uso da razão? Não se trata do pecado, seja o Pecado Original ou o pecado pessoal. Jesus e Maria nunca pecaram e nenhum dos dois foi tocado pela herança pecaminosa de Adão e Eva. Não, a única realidade que compartilhamos é a experiência de termos sido tentados para pecar.

Mesmo Jesus (e certamente Maria, apesar de não haver registro disso nas Escrituras) sofreu tentações. Por três vezes, o Maligno abordou-O durante seus quarenta dias de jejum e oração no deserto. O Tentador aproximou-se dele e lhe disse: "Se és Filho de Deus, ordena que estas pedras se tornem pães... Se és Filho de Deus, lança-te abaixo [do ponto mais alto do Templo]...Dar-te-ei tudo isto [os reinos do mundo e sua glória] se, prostrando-te diante de mim, me adorares" (Mateus 4,3.6.9). Em cada caso, Jesus rejeitou as sugestões do Diabo. Ele não quis apenas se manter fiel à vontade do Pai, mas desejou igualmente encorajar-nos para encarar e, com Sua ajuda, vencer nossas próprias tentações ao pecado.

Também os santos depararam-se com diversos tipos de tentação. São Paulo, após dizer aos Coríntios que ele havia sido abençoado com uma visão do Céu, afirmou: "Demais, para que a grandeza das revelações não me levasse ao orgulho, foi-me dado um espinho na carne, um anjo de Satanás para me esbofetear" (2 Coríntios 12,7). Não sabemos a que tipo de aflição ele se referia; é perfeitamente possível que Paulo estivesse sofrendo de alguma violenta tentação, algo que o levou a rogar ao Senhor para que a apartasse dele. Em lugar disso, Deus respondeu: "Basta-te minha graça, pois é na fraqueza que se revela totalmente a minha força" (2 Coríntios 12,9). Se Paulo falava de uma tentação real ou não, a ideia contida neste trecho ainda se aplica: o poder de Deus pode nos ajudar a superar qualquer obstáculo para a santidade (na realidade, *somente* o poder de Deus pode nos ajudar a fazê-lo).

Santo Antão do Egito sofreu tentações severas durante seus anos no deserto; espíritos malignos atacavam-no, mas a graça de Deus o manteve a salvo do perigo. Mesmo uma pessoa com conhecimento direto da existência do Diabo, no entanto, deu-se conta de que nem todas as tentações podem ser atribuídas ao Maligno. Santo Antão disse que um dia Satanás aproximou-se dele com uma queixa: "Gostaria de saber por que vocês, cristãos, estão sempre maldizendo-me. Ao primeiro infortúnio que lhes sobrevém, vocês sempre dizem: 'Maldito seja o Diabo!'" Antão insistiu: "Temos grande razão para maldizê-lo, pois você está sempre a nos tentar e a armar ciladas para atrair-nos ao pecado." Ao que o Diabo respondeu: "Com frequência a culpa não é minha, como pensam vocês, pois as pessoas são a causa de sua própria ruína ao buscar ocasiões para o pecado, na esperança de não caírem, apesar de saberem quão frágeis são. Eu nunca poderia derrotá-las, se ao menos elas usassem as armas que Deus colocou à disposição delas. Assim, não é a mim que devem culpar nem maldizer, já que é culpa delas mesmas sua perdição."

Apesar de nunca devermos acreditar no Diabo, nesse exemplo descrito por Santo Antão, Satanás parece estar falando a verdade. Somos responsáveis por algumas das muitas tentações que nos assaltam, e nenhuma delas pode nos derrotar se usarmos os recursos espirituais e as defesas que Deus nos dá. O Senhor está presente para apoiar aqueles que desejam vencer o pecado e a tentação, mesmo que nos esqueçamos disso.

O próprio Santo Antão teve de ser recordado disso. Em uma ocasião, ele estava tão aflito após ser tentado que gritou a plenos pulmões: "Bom Jesus, onde estiveste esse tempo todo?" Jesus respondeu-lhe: "Eu estava aqui a seu lado e vi sua luta. Por minha permissão foste tentado, mas não tenhas medo, lute com bravura, pois estou sempre por perto para ajudá-lo!" Tais palavras trouxeram a Antão paz e fortaleza renovadas, como era de se esperar. Deus nos dará também a graça de que precisamos, venham nossas tentações do Diabo, de dentro de nós ou dos demais.

Outras pessoas — por vezes até mesmo aquelas que amamos — podem tentar afastar-nos do caminho da santidade. Isso aconteceu com Santo Tomás de Aquino, que, na juventude, tentou entrar na Ordem dos Dominicanos. Sua família se opôs, pois, no século XIII, a Ordem era nova e não possuía riquezas ou prestígio. Quanto Tomás insistiu, sua mãe fez com que ele fosse sequestrado e aprisionado por um de seus irmãos. Esperando utilizar as tentações da carne contra ele, a família pagou a uma jovem para que entrasse nua em sua cela, mas Tomás utilizou um atiçador de lareira em brasa para expulsá-la do aposento. À luz de uma rejeição tão determinada do pecado, não é de surpreender que a vontade de Tomás tenha prevalecido e que ele tenha sido capaz de entrar na Ordem dos Dominicanos pouco depois.

Todos os santos passaram por tentações de um tipo ou de outro e apenas algumas podem ser citadas aqui: Santa Margarida de Cortona, que mesmo após arrepender-se de um relacionamento imoral, permaneceu sujeita a tentações da carne por três anos; Santa Maria Madalena de Pazzi, que sofreu violentas tentações por um período de cinco anos de angústia espiritual; Santa Joana de Chantal, frequentemente tentada com dúvidas contra a Fé; São João da Cruz, que, durante sua *Noite escura da alma*[11] foi tentado a crer que Deus o havia abandonado; Santa Rosa de Lima, de quem se diz ter sofrido não apenas tentações do Diabo, mas também ataques físicos e surras dele; Santa Eufrásia, que foi tentada a retornar ao mundo

11 Um período de intensa e prolongada desolação espiritual.

após retirar-se para o deserto, e cuja abadessa ajudou-a a perseverar, atribuindo-lhe tarefas difíceis e humilhantes (como mover pilhas de rochas de um lugar para o outro, uma vez após a outra, trinta vezes); a Beata Cristina de Stommeln, a quem o Diabo — disfarçado de São Bartolomeu — tentou sem sucesso levar ao suicídio; a Beata Helena de Udine, cuja resistência tenaz à frequentes tentações suicidas foi sempre recompensada por consolações espirituais; e Santa Maria do Egito, que sofreu muitas tentações durante seus 47 anos no deserto, mas que encontrou alívio na oração, especialmente à Virgem Maria.

Rezar a Maria pedindo sua intercessão e assistência é um método poderoso de combater a tentação. Os santos nos oferecem outras sugestões úteis.

São João Bosco teve sempre a consciência de que a ociosidade aumente as oportunidades do Demônio para nos levar para o mau caminho. Assim, em seu ministério aos garotos, esse santo padre Italiano sempre enfatizava a importância de manter-se ocupado em alguma atividade sadia. Essa consideração ainda se aplica a nós hoje em dia; precisamos de um tempo de silêncio com Deus e de um tempo para relaxar, mas também temos de garantir que o tédio não nos conduza a atividades perigosas.

Santo Inácio de Loyola afirmou que, por vezes, podemos ser tentados por coisas *boas*. Devemos desenvolver nossos talentos e habilidades naturais, mas, alertou Inácio, devemos ter cuidado para que o orgulho de tais dons não nos leve a ignorar o que devemos a Deus ou a negligenciar nossos deveres espirituais. Pessoas brilhantes e talentosas correm tanto risco de danação quanto as demais. Inácio reconheceu também que dons místicos podem, se mal usados ou enfatizados em demasia, levar-nos à ruína. (São Paulo deparou-se exatamente com essa situação quando uma rixa a respeito de diferentes dons do Espírito ameaçou dividir a comunidade cristã de Corinto [1 Coríntios 12,28-31].) Inácio possuía ricos dons espirituais, mas era também um homem eminentemente prático; ele deu-se conta que as grandes consolações que por vezes recebia distraiam-no de seus deveres, e quando seu médico lhe disse que sua visão estava ameaçada pelo dom das lágrimas,[12] o santo orou para que esse dom lhe fosse retirado, de modo que pudesse continuar trabalhando pela Igreja e por sua Ordem.

Na qualidade de antigo soldado, Santo Inácio sabia que o Demônio é como um astuto comandante militar que atacará uma fortaleza inimiga em seu ponto fraco; assim, os defensores mais sábios concentrarão seus esforços naquele local. Em termos espirituais, isso significa admitir honestamente nossos erros e fraquezas para, em seguida, buscar crescer não apenas de maneiras que nos pareçam confortáveis e agradáveis, mas especialmente nas áreas que nos pareçam difíceis e fontes de tentação. A fim de impedir Satanás de entrar em nossas almas, devemos focar a atenção em nossas áreas de fraqueza moral, sem negligenciarmos os pontos em que somos moralmente fortes.

No que diz respeito a resistir à tentação, todos os santos enfatizam a necessidade da oração. São Bernardo de Claraval nos recorda que a oração é mais importante do que o Demônio e suas armadilhas e São João Crisóstomo diz: "Assim como a água apaga o fogo, a oração apaga o calor das paixões."

São Paulo da Cruz nos aconselha: "Seja valente ao lutar contra as tentações, mas, ao combater, mantenha um espírito pacífico. O coração humilde será vitorioso." A humildade é também enfatizada por São Francisco de Sales, que descreve como uma criancinha corre para os braços do pai quando vê um lobo ou um urso. Da mesma maneira, devemos voltar-nos imediatamente para Deus quando assaltados por tentações. Igualmente, Santo Afonso de Ligório nos alerta: "Quando sentir-se tentado, não confie em si mesmo, nem todas as promessas e resoluções feitas, mas confie por completo na ajuda divina. Peça socorro de imediato a Deus e à Santa Virgem."

12 Uma sensibilidade profunda, manifestada pela habilidade de chorar com facilidade.

Alguém observou, com certa ironia, que a maioria de nós, ao fugir da tentação, deixa para trás o endereço onde pode ser encontrado. Trata-se, é claro, de um erro. A tentação deve receber o mínimo de atenção possível. Santo Anselmo nos diz: "Não discuta com pensamentos perversos ou maus desejos; quando eles o atacarem, ocupe a mente com algum plano ou meditação útil até que desapareçam. Pensamentos ou intenções não são expulsos do coração exceto por outros pensamentos ou intenções incompatíveis com os primeiros."

Com frequência, as tentações envolvem outras pessoas, particularmente aquelas de quem não gostamos. Nesse sentido, São João Maria Vianney sugere: "O caminho para vencer o Demônio quando ele incita sentimentos de ódio contra aqueles que nos fazem mal, é rezar de imediato pela conversão de tais pessoas." Uma vez que as tentações ganham espaço em nossa consciência, elas podem rapidamente aumentar sua força e atração. É por isso que Santo Afonso afirma:

> Tão logo nos damos conta de um pensamento que nos pareça maligno, devemos descartá-lo de imediato, como se batêssemos a porta em sua cara, impedindo-o de entrar em nossa mente, sem pararmos para tentar decifrar seu sentido ou suas intenções. Devemos apagar tais sugestões maléficas com a mesma rapidez que apagaríamos faíscas flamejantes que caíssem em nossas roupas.

Além de resistir às tentações, devemos nos recordar do que elas significam, ou seja, de que estamos envolvidos em uma guerra espiritual, da qual podemos escolher sair vitoriosos com a ajuda de Deus. São Francisco de Assis nos diz: "Ninguém deve considerar a si mesmo um verdadeiro servo de Deus se não tiver sido testado por meio de tentações e provações."

São João Maria Vianney afirma que sofrer tentações é, na realidade, algo *positivo*: "Bem-aventurados os tentados! Quando o Demônio percebe que uma alma está se movendo na direção da união com Deus, ele duplica seus esforços." Da mesma maneira, diz o santo: "O maior de todos os males é *não* ser tentado, pois há razão para crer que o Diabo nos vê como sua propriedade." Ele também observa que os fazendeiros não se queixam das longas horas de trabalho na época da colheita, pois é a época em que eles ganham um bom dinheiro com seus esforços; de forma similar, a tentação é a temporada de colheita espiritual, pois cada vez que utilizamos com sucesso a ajuda de Deus para rejeitar o pecado, crescemos na graça e nos tornamos moralmente mais fortes.

Por fim, São Paulo da Cruz aconselha: "Não tenham medo das tentações. Deus as permite para refinar a humildade e para lançar as fundações de um grande edifício espiritual que Ele planejou construir em sua alma."

As tentações são oportunidades para provar nosso amor por Deus e para crescermos em santidade ao exercitarmos nossos músculos espirituais. Tanto o Demônio quanto nossa natureza humana imperfeita são oponentes formidáveis na medida em que tentamos crescer na graça, mas o Senhor nunca permite que sejamos tentados além de nossas forças. Aqueles que perseveram com a graça de Deus não apenas triunfarão no curto prazo, mas farão grandes processos no caminho estreito que conduz à vida eterna.

PARA REFLETIR

> "Assim como a embarcação é testada na tempestade, assim como o lutador é testado no ringue, assim como o soldado é testado na batalha, assim como o herói é testado na adversidade, o cristão é testado na tentação."
>
> SÃO BASÍLIO MAGNO

> "Um homem que controla suas paixões domina o mundo. Devemos comandá-las ou ser escravizados por elas. É melhor ser martelo do que bigorna."
>
> SÃO DOMINGOS

> "Em tempos de paz, quer dizer, quando as tentações para os pecados aos quais você é mais inclinado não lhe incomodam, realize diversos atos da virtude contrária. Se as ocasiões para tanto não se apresentarem, busque-as. Dessa forma, seu coração será fortalecido contra tentações futuras."
>
> SÃO FRANCISCO DE SALES

ALGO A SER TENTADO

São Paulo da Cruz aconselha: "Não preste atenção a nenhuma tentação, não importando quão imunda e repugnante seja. Diga que prefere morrer a consentir com ela e então não tema. Deixe os pensamentos em paz e não se preocupe com eles." Deus quer que você rejeite as tentações, mas não que se preocupe com elas. São Filipe Néri costumava encorajar seus penitentes a não se entristecerem por causa das tentações que sofriam, dizendo que quando o Senhor pretende conceder-nos uma virtude em particular, Ele frequentemente permite que sejamos tentados pelo vício oposto. Portanto, encare cada tentação como um convite para crescer em uma virtude e prometa a Deus que você será bem-sucedido se perseverar.

Santo Agostinho sugere: "Imite a formiguinha; seja a formiga de Deus. Ouça a voz de Deus e esconda-a em seu coração. Recolha muito alimento durante os dias felizes dos verões espirituais. Você será então capaz de suportar os dias difíceis de tentação durante os invernos da alma." Em outras palavras, quando as coisas estiverem indo bem, faça um esforço extra para rezar e pedir forças, especialmente em áreas de fraqueza pessoal ou relacionadas a pecados com os quais você já foi tentado no passado.

LEITURA ADICIONAL

São Tiago 1,12-15; Hebreus 2,18.

Exercícios espirituais, de Santo Inácio de Loyola;
Introdução à vida devota, de São Francisco de Sales;
Tratado de conformidade com a vontade de Deus e
A prática do amor a Jesus Cristo, de Santo Afonso de Ligório.

***

Deus,
por Vossa misericórdia,
fortalecei aqueles de nós expostos
a ferozes tempestades de dificuldades e tentações.
Auxiliai-nos contra nossa negligência e covardia
e defendei-nos contra a deslealdade de nossos corações infiéis.
Socorrei-nos, nós Vos rogamos,
e trazei-nos para Vosso abrigo de paz e felicidade.

SANTO AGOSTINHO

XXVII - DIFICULDADES EM PERDOAR

[Disse Jesus:] "Se perdoardes aos homens as suas ofensas, vosso Pai celeste também vos perdoará. Mas se não perdoardes aos homens, tampouco vosso Pai vos perdoará." MATEUS 6,14-15

SE, APÓS O JUÍZO FINAL, uma votação fosse realizada entre todos os habitantes do Céu para decidir qual ensinamento dos Evangelhos foi o mais difícil de obedecer, o mais provável é que a maioria escolhesse o dever de perdoar nossos inimigos a fim de receber o perdão de Deus. Renunciar à vingança e à punição de quem nos fez mal vai contra nossa natureza pecadora, mas isso é que se espera de nós. "A mim a vingança; a mim exercer a justiça, diz o Senhor" (Romanos 12,19). Esse difícil ensinamento foi obedecido pelos santos — ainda que, em muitos casos, não sem muita luta — e também devemos segui-lo.

O primeiro mártir, Santo Estêvão, nos dá um poderoso exemplo do perdão cristão. Os Atos dos Apóstolos contam como ele foi lapidado até a morte por sua corajosa proclamação do Evangelho. Suas últimas palavra foram: "Senhor, não lhes leves em conta este pecado" (Atos 7,60).

Outro santos e mártires também foram conhecidos por sua extraordinária caridade para com seus perseguidores. Por exemplo, São Venceslau, rei da Boêmia, foi assassinado por partidários de seu irmão, que o atraíram para uma emboscada sob o pretexto de encontrá-lo para ir à missa. Quando Venceslau caiu, às portas da capela, suas palavras finais foram: "Irmão, que Deus o perdoe."

Esse foi também o sentimento expresso pela virgem e mártir Santa Maria Goretti, assassinada em 1902 aos 12 anos de idade. Maria foi atacada por um jovem da vizinhança chamado Alessandro Serenelli; quando ela resistiu a suas investidas sexuais, o jovem enfurecido esfaqueou-a repetidas vezes. No dia seguinte, antes de morrer no hospital, Maria manifestou seu perdão por Alessandro. (Passaram-se oito anos antes que ele o aceitasse; Alessandro não se arrependeu na prisão até ter um sonho em viu Maria recolhendo flores e presenteando-o com elas.)

São João Maria Vianney notou: "Os santos não sentem ódio ou amargura, eles perdoam tudo, e pensam que merecem muito mais por suas ofensas a Deus." Por exemplo, São Luís IX, rei da França por 35 anos, era conhecido por sua misericórdia e imparcialidade, chegando mesmo a perdoar nobres que se rebelaram contra ele sem sucesso.

O fundador da Ordem Jesuíta, Santo Inácio de Loyola, certa vez caminhou cem quilômetros durante o inverno para cuidar de um homem adoentado, um homem que, poucas semanas antes, havia roubado as parcas economias de Inácio.

Durante a perseguição da Igreja realizada pela Rainha Elizabeth I da Inglaterra, o padre e mártir São Edmundo Campion foi traído e preso. Na prisão, ele recebeu a visita do homem que o traíra. Edmundo não só perdoou seu traidor, mas também encorajou-o a deixar a Inglaterra, onde ele mesmo poderia estar em perigo, dando-lhe uma carta de salvo-conduto endereçada a um nobre católico na Alemanha.

Como pecadores como nós podemos seguir o maravilhoso exemplo desses e de outros santos? Refletindo sobre o fato de que, realmente, *somos* pecadores que precisam muito da misericórdia de Deus. A parábola do servo incapaz de perdoar (Mateus 18,23-35) nos recorda que se insistirmos na estrita justiça no caso de pessoas que pecaram contra nós, também seremos plenamente responsáveis por nossas ofensas ainda maiores contra a infinita majestade de Deus. Precisamente porque os santos foram tão honestos em admitir seus próprios pecados, perdoar as ofensas dos demais tornou-se algo fácil e natural para eles.

Como podemos aprender a controlar nossa tendência natural a reagir contra aqueles que nos prejudicam? Afinal, nosso desejo sincero de praticar o perdão cristão pode, em certas circunstâncias, ser rapidamente superado por sentimentos de raiva ou afronta. São Filipe Néri, padre do século XVI, sugeriu que praticássemos o controle de nossas emoções: fingiríamos ter sofrido insultos terríveis ou algum infortúnio e depois nos imaginaríamos imitando o exemplo de Cristo ao suportarmos tais dificuldades com paciência e caridade. Este tipo de treino tornará mais fácil responder automaticamente a afrontas reais de uma maneira mais amorosa.

Da mesma forma, como nota Santo Agostinho: "Há diversos tipos de esmola que podemos dar para obtermos o perdão por nossos pecados; nenhuma, porém, é maior do que perdoar de coração um pecado cometido contra nós." Assim, no momento em que alguém nos ofende, podemos pensar: "Tenho o direito de estar bravo com essa pessoa, mas renuncio livremente a esse direito como um ato de caridade realizado em nome de Cristo." Então, podemos nos consolar com a lembrança de que esse tipo de esmola é muito agradável a Deus e será ricamente recompensada.

Ademais, podemos nos recordar das palavras de Santa Faustina Kowalska: "Nos parecemos ao máximo com Deus quando perdoamos o próximo."

Muitas vezes estamos excessivamente preocupados com a preservação de nossa dignidade ou reputação, e isso pode levar a retaliações contra aqueles que nos insultam ou cometem injustiças. Os santos perceberam, no entanto, que aos olhos de Deus a resposta mais nobre e digna a uma ofensa é oferecer a outra face. No século XII, alguns operários estavam reparando uma muralha perto da vinha de Santo Ubaldo, bispo de Gubbio. Quando o santo indicou educadamente que eles estavam estragando suas uvas, o capataz tornou-se agressivo e empurrou o bispo em uma poça de cimento líquido. Ubaldo levantou-se coberto de cal e sujeira, mas não disse nada e entrou calmamente para se limpar. Observadores horrorizados esperavam, e desejavam, que o capataz fosse severamente punido e arrastaram-no perante o magistrado local. No entanto, Ubaldo compareceu ao tribunal e assumiu o controle da situação, anunciando que ofensas cometidas contra representantes de Igreja estavam sob sua jurisdição como bispo. Em seguida, ele deu ao temeroso infrator um beijo da paz e ordenou a sua libertação.

Uma noite, dois ladrões roubaram um boi que pertencia ao eremita São Felipe de Zell. Ao tentar escapar, eles se perderam no bosque e, para seu horror, perceberam que estavam na porta da ermida de São Felipe quando o sol nasceu. O santo apareceu, sabendo o que havia ocorrido, e os confusos e amedrontados ladrões imploraram por seu perdão. Felipe acalmou-os e deixou-os partir, mas apenas depois de lhes dar de comer.

Como esses exemplos demonstram, o verdadeiro perdão cristão não deve ser apenas um conceito religioso, mas um modo de vida.

Por vezes, perdoar aqueles que nos fizeram mal pode dar lugar a milagres da graça. Como disse São João da Cruz: "Onde não existe amor, despeje amor e de lá você retirará amor." Diversos exemplos confirmam a veracidade de tal observação. Por exemplo, São Peregrino Laziosi, um padre do século XIII, era uma pessoa irreligiosa em sua juventude, envolvendo-se ativamente em um movimento contra a Igreja. O papa enviou São Felipe Benizi para mediar a disputa, mas ele foi atacado por Peregrino, que golpeou-o no rosto. Quando São Felipe respondeu obedecendo o ensinamento de Nosso Senhor para oferecer a outra face (Lucas 6,29), o futuro São Peregrino imediatamente se arrependeu e converteu-se ao catolicismo.

No século seguinte, Santa Francisca Romana era desprezada por sua nora Mobilia, que reclamava dela e a ridicularizava em público. No entanto, quando Mobilia caiu gravemente doente, Francisca cuidou dela com amor e atenção. Mobilia ficou tão comovida pela bondade da santa que seu desprezo transformou-se em amor e, a partir de então, ela passou a tentar imitar as virtudes de Francisca.

Nem todos esses incidentes, porém, resultaram em conversão. São Francisco de Sales, o grande bispo de Genebra, era intensamente odiado por um advogado da cidade, seu inimigo jurado, e que utilizava todas as oportunidades para injuriá-lo e insultá-lo. Certo dia, Francisco disse a ele: "Você é meu inimigo, bem sei disso; ainda assim, se um dia arrancasse um de meus olhos, o outro ainda o miraria com compaixão." Tais palavras amorosas não tiveram efeito, pois mais tarde o homem sacou um revólver e atirou no santo. Ele errou o alvo, mas acertou um padre ao lado de Francisco. Consequentemente, o homicida foi condenado à morte. Francisco intercedeu em favor dele e a sentença foi comutada. Ainda assim, o advogado não demonstrou gratidão, mas cuspiu no rosto do santo, que respondeu com tristeza: "Eu fui capaz de salvá-lo da justiça dos homens, mas, a não ser que mude, você cairá nas mãos da Justiça Divina, da qual poder algum poderá salvá-lo." Como nos mostra São Francisco, o fato de que nem todos aceitarão nosso perdão não nos livra da obrigação de oferecê-lo.

É sempre fácil perdoar os demais? Certamente que não. A raiva é uma emoção poderosa, e até mesmo os santos podem ser tentados por um desejo de vingança, mas eles simplesmente esforçam-se para utilizar a ajuda que Deus oferece para superarmos tais emoções. Quando seus pais e seus irmãos foram assassinados, o Beato Pedro de Pisa quis deixar seu mosteiro e vingá-los, mas sua irmã, a Beata Clara Gambacorta ajudou-o a superar essa tentação. Por meio de fervorosas orações e com a ajuda do exemplo da irmã, Pedro chegou ao ponto onde conseguiu perdoar sinceramente os assassinos.

Uma conversão e um ato de misericórdia ainda mais dramáticos envolveram São João Gualberto. Seu irmão mais velho, Hugo, foi assassinado por alguém que se passava por um amigo. João jurou vingança e um dia encontrou o inimigo, desarmado, em uma passagem estreita que o impedia de escapar. Sacando a espada, João avançou, mas surpreendeu-se quando o assassino caiu de joelhos e cruzou os braços sobre o peito. Essa postura lembrou a João de como Cristo perdoou seus inimigos na Cruz. Profundamente comovido, ele deixou de lado a espada, abraçou o inimigo e partiu em paz. (Dizem que João saiu dali para uma igreja. Quando pôs-se a rezar, a imagem de Cristo no crucifixo do lugar milagrosamente baixou a cabeça em reconhecimento do arrependimento sincero do santo e de seu ato de perdoar o inimigo.)

João Gualberto, como todos os outros santos antes e depois dele, deu-se conta da necessidade essencial de perdoar nossos inimigos, pois Cristo reinará apenas em um coração que busca estar em paz.

PARA REFLETIR

> "Se você está sofrendo com as injustiças
> de uma pessoa má, perdoe-a, para que não haja duas pessoas más."
>
> SANTO AGOSTINHO

> "Perdoem-se uns aos outros para mais tarde não se
> lembrarem da ofensa. A lembrança de uma ofensa é, em si mesmo, má. Ela aumenta a raiva, alimenta os pecados e odeia o que é bom. Trata-se de uma flecha enferrujada, de veneno para a alma. Ela espanta todas as virtudes."
>
> SÃO FRANCISCO DE PAULA
>
> (*Perdoar e esquecer é algo muito difícil; de fato, só podemos ser bem-sucedidos com a ajuda da graça de Deus e nunca devemos hesitar em pedir Sua ajuda.*)

ALGO A SER TENTADO

Em suas *Admoestações*, São Francisco de Assis escreveu: "Nosso Senhor diz nos Evangelhos: 'Amai vossos inimigos'. Um homem ama verdadeiramente seus inimigos quando não se ofende com maldades cometidas contra si, mas sim quando sente, pelo amor de Deus, uma tristeza ardente pelos pecados que seus inimigos cometem contra suas próprias almas, e comprova esse amor de maneira prática." Assim, recorde-se que a pessoa que peca contra você está na posição mais fraca e menos desejável. Em lugar de unir-se àquela pessoa cedendo à raiva ou a pensamentos de vingança, demonstre seu amor de modo prático, falando com ela de maneira bondosa, falando bem dela, fazendo-lhe um favor ou, no mínimo, rezando por ela.

Perdoar alguém que lhe traiu ou machucou muito pode ser terrivelmente difícil, mas é possível com a ajuda de Deus. Perdoar não significa aprovar o que aconteceu ou agir como se não importasse. O perdão tampouco o impede de buscar justiça, como no caso de perdoar de coração um motorista alcoolizado que tenha matado alguém de sua família ao mesmo tempo em que se continua a processá-lo. Perdoar também não quer dizer deixar de tomar as medidas necessárias para se proteger no futuro, como por exemplo ter mais cuidado com quem lhe traiu ou mentiu para você. O perdão significa simplesmente querer o bem do outro em um sentido espiritual, em outras palavras, trata-se de rezar para que a outra pessoa seja abençoada por Deus. Se você pode oferecer essa oração, Deus ficará muito contente. Se isso for difícil demais, faça o seguinte: peça a Jesus para perdoar a pessoa em seu lugar. Imagine a si mesmo e ao seu inimigo juntos perante Jesus e pense Nele voltando-se para seu inimigo e dizendo: "Você está perdoado."

LEITURA ADICIONAL

Provérbios 25,21; Eclesiástico 28,1-7;
Mateus 18,21-35; Tiago 2,12-13.

Admoestações, de São Francisco de Assis;
Introdução à vida devota, de São Francisco de Sales.

***

Senhor Jesus,
Agradeço-Vos por perdoardes meus pecados,
uma e outra vez, sem limites.
Agora preciso de Vossa ajuda para perdoar alguém.
Fui gravemente ferido, Senhor,
e não tenho certeza de estar pronto para perdoar.
Não sei se eu tenho o que é necessário para perdoar por completo.
Sei, porém, que devo perdoar para ser perdoado por Vós
e para ser recebido em Vosso Reino.
Peço, portanto, a Vossa ajuda, Senhor.
Estendei Vossa misericórdia aos meus inimigos,
àqueles que me odeiam e àqueles que me fizeram mal;
abençoai-os da maneira que escolherdes.
Concedei a eles a sensação de Vossa paz
e um desejo de viver em Vossa graça.
Ajudai-os a encontrar e seguir
o caminho que conduz à vida eterna.
Sois a própria Misericórdia, Senhor.
Eu Vos agradeço e louvo,
e imploro Vosso perdão.
Tocai os corações de todas as pessoas,
para que vivam sempre em Vossa paz.
Amém.

XXVIII - IMPOPULARIDADE

Não vos admireis, irmãos, se o mundo vos odeia. 1 JOÃO 3,13

EM 1818, SÃO JOÃO Maria Vianney, o padroeiro dos párocos, foi enviado para a remota cidade francesa de Ars, cujos residentes eram, em sua maioria, indiferentes à fé. Por meio de prolongadas orações, frequentes jejuns, poderosas pregações e santo exemplo, São João colocou em movimento a transformação espiritual de sua paróquia. Durante os quarenta anos que lá passou, ele se tornou conhecido em toda a França como um confessor santo e perspicaz, aparentemente capaz de ler pensamentos e recordar aos penitentes pecados de que eles tinham se esquecido. As pessoas vinham de muitos quilômetros de distância para se confessar com ele, o que lhe exigia até 16 horas por dia no confessionário. Com o passar do tempo, o santo foi se mostrando exausto pelo esforço constante de salvar almas, e por três vezes tentou trocar a paróquia por um mosteiro; mas a população não lhe permitia.

João era extremamente popular e querido, mas nem todos gostavam dele. Alguns dos padres da vizinhança sentiam-se enciumados e acusaram-no de ser excessivamente zeloso, ignorante e, talvez, até mesmo desequilibrado. (A isso, o bispo respondeu: "Eu gostaria, senhores, que todos os meus padres tivessem um pouco da mesma loucura.")

Diversas mulheres também o abordaram após sua chegada à paróquia e começaram a pedir a ele para rezar missas por uma "intenção especial" a cada semana. Isso durou 14 anos; por fim, a curiosidade do santo falou mais alto e ele perguntou às mulheres que tipo de intenção era aquela, não atendida após tanto tempo. As mulheres responderam: "Estamos rezando para que você seja mandado para outra paróquia."

É impossível ser universalmente popular e querido; mesmo alguém tão bem-sucedido e amado como São João Maria Vianney teve sua própria experiência de impopularidade. Os afetos humanos são, por sua própria natureza, inconstantes e imprevisíveis. As pessoas podem se sentir atraídas ou desgostar de alguém pelas razões mais triviais. Acrescentar o elemento religioso apenas complica as coisas: como a religião pode ser um assunto tão controverso, aqueles que levam a fé a sério estão sempre em risco de serem mal-compreendidos e tratados com desprezo. Jesus alertou com frequência seus seguidores para o fato de que seriam odiados e perseguidos por não serem deste mundo. Cristãos e outras pessoas que buscam viver de acordo com seus valores morais frequentemente atrairão raiva e críticas. O mundo nunca recompensa aqueles cujas ações questionam seus valores e suas crenças ou que proclamam uma mensagem que ele não quer ouvir. A impopularidade é uma forma leve de tal oposição, e não surpreende que muito santos tenham sofrido com ela.

São João Câncio terminou por tornar-se tão querido aos membros de sua paróquia quanto São João Maria Vianney, mas ele foi bastante impopular a princípio. O padre polonês do século XV tinha sido bem-sucedido como pregador e professor universitário, mas a inveja de seus rivais levou-o a ser mandado a uma paróquia na cidade pobre e sem importância de Olkusz. Além de não ser bem-vindo lá, ele mesmo duvidava de suas qualidades de pastor; no entanto, João esforçou-se muito e, após alguns anos, tornou-se muito amado pelos membros da paróquia.

No século VI, o grande monge São Bento já descobrira que a impopularidade pode ser perigosa. Na juventude, ele decidiu viver como eremita; pouco depois, alguns monges buscaram-no pedindo para que ele fosse seu líder. Isso não funcionou, porém. Os monges ficaram desapontados com o elevado padrão de Bento, e manifestaram seu descontentamento de uma maneira inconfundível: eles tentaram envenená-lo. (Entendendo a dica, Bento partiu para outras paragens, mas permaneceu comprometido com a ideia de que os monges deveriam trabalhar, viver e rezar juntos.)

A impopularidade pode ter diferentes causas, tais como a pessoa parecer estranha ou diferente. Isso aconteceu a São José de Cupertino quando era jovem; uma infância infeliz fez com que ele se tornasse ensimesmado e distraído, com uma tendência a andar sem rumo por sua vila com a boca aberta e o rosto sem expressão. Apesar de preguiçoso, José tinha um temperamento difícil, o que aumentava sua impopularidade. Foi só após diversos fracassos e reveses que ele encontrou sua vocação como como padre franciscano, tornando-se, por fim, conhecido por diversos milagres atribuídos a ele.

A impopularidade pode também advir do fracasso. O Papa São Gregório VII defendeu vigorosamente a autoridade da Igreja contra o imperador Henrique IV, da Alemanha. A princípio, a vitória parecia que seria de Gregório, mas Henrique voltou atrás em sua palavra, armou um cerco a Roma e capturou-a em 1084. A cidade foi recapturada a mando de Gregório por um príncipe da Normandia, mas os custos materiais e em vidas humanas foram tão grandes que os cidadãos furiosos forçaram o papa a fugir. No ano seguinte, Gregório morreu em Salerno, exclamando: "Eu amei a retidão e odiei a iniquidade, por isso morro no exílio."

Podemos também sofrer de impopularidade devido a nossos melhores esforços para servir a Deus e opor-se à maldade. Essa foi a experiência do grande defensor da fé do século IV, Santo Atanásio. Praticamente sozinho, ele guardou a Igreja da heresia ariana, que negava a divindade de Cristo. Muitos bispos e leigos importantes (incluindo alguns imperadores) apoiavam o arianismo, e isso fez com que Atanásio frequentemente se visse sob ataque, sendo exilado pela maioria de seus 46 anos como bispo. O mesmo aconteceu a Santo Eusébio de Vercelli, que sofreu maus tratos dos arianos quando foi exilado, e com São Cirilo de Jerusalém, que, ironicamente, foi acusado ele mesmo de arianismo. Esses três bispos do século IV ajudaram a preservar a verdadeira fé da Igreja; suas recompensas imediatas foram humilhação, condenação e punição. Somente no fim da vida, suas contribuições foram reconhecidas e aplaudidas por seus contemporâneos.

Cristo nos ordenou que amássemos nossos inimigos e rezássemos por nossos perseguidores (Mateus 5,44), e isso inclui oferecer uma resposta amorosa àqueles perante quem somos impopulares. De acordo com Santo Afonso de Ligório: "O santo não possui malícia contra aqueles que o maltratam, mas ama-os ainda mais; e o Senhor, como recompensa por sua paciência, aumenta sua paz interior." Ao mesmo tempo que os santos amavam a todos, eles eram completamente indiferentes à aprovação humana. São João Maria Vianney nos recorda: "Não é possível agradar ao mesmo tempo a Deus e ao mundo. Eles são completamente opostos em pensamento, desejos e ações." Assim sendo, devemos escolher a Cristo e, como cristãos, devemos renovar tal escolha regularmente, com cada decisão moral que tomamos, mesmo sob o preço da impopularidade. O Cura d'Ars nos aconselha: "Não tentem agradar a todo mundo. Tentem agradar a Deus, aos anjos e aos santos; *eles* são o seu público." Ele também nos oferece essas palavras diretas: "Se vocês temem as opiniões dos demais, não deveriam ter se tornado cristãos."

Há um preço a pagar por seguir a Jesus; os cristãos devem esperar uma certa medida de impopularidade. No entanto, como pergunta São Gerardo Majella: "Quem, além de Deus, pode lhes dar a paz? Por acaso o mundo já foi capaz alguma vez de satisfazer o coração?" A medida de uma vida bem-sucedida não é a fama e a popularidade, nem o julgamento da história (apesar de que, no fim, a história lançará uma mirada favorável ao servos de Cristo). O único juízo que importa é o de Deus. Se O agradarmos, seremos populares para sempre no Céu, e esse objetivo vale quaisquer custos aqui e agora.

PARA REFLETIR

"Não encontrando repouso no exterior, [aquele que busca a retidão] deseja mais intensamente o Deus interior. Toda sua esperança está fixada no Criador e, entre todas as humilhações e abusos, ele invoca sozinho sua testemunha interior. Aquele que é aflito dessa maneira aproxima-se de Deus na medida em que se afasta da popularidade humana."
SÃO GREGÓRIO MAGNO

"As aversões, o ridículo, o desprezo, as piadas sofridas, tudo isso deve ser recebido com grande gratidão a Deus. Elas servem como a pira do amor na qual a vítima é cremada. Afaste com suavidade todas as aversões, e mostre-se cordial com todos."
SÃO PAULO DA CRUZ

"Devemos praticar a paciência e demonstrar nosso amor por Deus suportando pacificamente o escárnio dos demais. Tão logo as almas se entregam por completo a Deus, o próprio Senhor permite que as pessoas as desprezem e persigam."
SANTO AFONSO DE LIGÓRIO.

ALGO A SER TENTADO

Quando sua mulher lhe perguntou como ele permanecia sempre tão calmo quando insultado ou ridicularizado, Santo Elzear, um nobre do século XIV respondeu: "Eu me volto e olho para Jesus, que foi desprezado e rejeitado, e vejo que as afrontas que me dirigem não são nada comparadas com as que ele sofreu por mim, e assim Deus me dá a fortaleza para suportar a tudo com paciência." Trata-se de um método simples e efetivo que você também pode utilizar. Quando sentirem qualquer forma de zombaria ou impopularidade, lembrem-se de tudo o que Jesus sofreu por todos nós e escolham conscientemente unir seus sofrimentos insignificantes aos Dele.

Aprenda a desfrutar da impopularidade. Segundo o Arcebispo Fulton J. Sheen:

> A aceitação da plenitude da Verdade terá a infeliz consequência de torná-lo odiado pelo mundo. Esqueça por um momento a história do cristianismo e o fato de que Cristo existiu. Imagine que um homem que dizia ser a Verdade Divina apareceu hoje no mundo, alguém que não disse "Eu vos ensinarei a verdade", mas sim "Eu sou *a Verdade*". Imagine que ele tenha apresentado provas de tal afirmação por meio de suas obras. Sabendo como somos, como nossa tendência ao relativismo, à indiferença e à confusão do certo e do errado, como você acha que que reagiríamos à vontade divina? Com ódio, com opróbrio, com rebeldia; com acusações de intolerância, estreiteza de visão, preconceito e com a crucificação. Foi isso o que aconteceu ao Cristo. Isso é o que Nosso Senhor disse que aconteceria àqueles que aceitassem Sua Verdade.

Essa visão do Arcebispo Sheen sugere que, se você é impopular, pode ser porque está fazendo algo *certo*, e, neste caso, você deveria sentir-se orgulhoso de sua impopularidade e de seu inconformismo aos valores do mundo. De fato, uma disposição em fazer o que é certo sem se preocupar com o que pensam os demais pode ser uma forma poderosa de evangelização. Assim, você pode se consolar pensando que sua vontade de perseverar mesmo perante a impopularidade pode ser uma forma de proclamar o Evangelho.

LEITURA ADICIONAL

Salmo 69,4; Mateus 24,9; João 15,18-19.

A prática do Amor a Jesus Cristo, de Santo Afonso de Ligório.

***

Senhor Jesus,
Vós conhecestes a impopularidade, a crítica e até mesmo o ódio
em toda a extensão possível.
Por isso, volto-me em direção a Vós
em busca de forças e de consolo
para meus próprios problemas.
Por razões que não me são totalmente claras,
Senhor, sou impopular;
há mais pessoas dispostas a serem meus per-
seguidores do que meus amigos.
Às vezes me vejo em dificuldades
simplesmente por tentar viver a minha fé e fazer o que é certo;
em outras ocasiões, sou impopular por razões menos nobres:
devido à minha aparência ou maneira de falar,
devido a meus erros e falhas,
por causa de quem eu sou e de onde venho.
É tudo tão injusto, Senhor Jesus.
Quero ser amado, aceito e acolhido.
Preciso ser compreendido e valorizado, amado e apreciado.
Sei que me entendeis;
sei que tivestes alguns desses mesmos sentimentos humanos,
e que sofrestes terrivelmente devido ao ódio que lhe dedicaram.
Por favor, ajudai-me com minha própria Cruz, Senhor.
Não sou corajoso ou forte;
e nunca escolheria ser impopular ou controverso.
Mas escolhi seguir-Vos e aceitei o preço.
Só peço que me ajudeis, Senhor,
e que andeis comigo a cada passo do caminho.
Enviai-me amigos para me ajudar
e entes queridos para me consolar
e me encher de graça, sabedoria e coragem,

para que eu possa realmente oferecer a Vós
todas as minhas experiências
e continuar confiando em Vossos cuidados.
Amém.

BIBLIOGRAFIA

Augustine Day by Day, [Santo Agostinho dia a dia] ed. John E. Rotelle, O.S.A. (Catholic Book Publishing Co., 1986).

The Avenel Dictionary of the Saints, Donald Attwater (Avenel Books, 1965).

Butler's Lives of the Saints, [Vidas dos Santos] ed. Herbert J. Thurston, S.J. (Christian Classics, 1990).

The Complete Book of Christian Prayer (Continuum Publishing Company, 1996).

Conversations of the Saints, Bernard-Marie, O.S.F., and Jean Huscenot, F.E.C. (Liguori, 1999).

Fifty-Seven Saints, Eileen Heffernan, F.S.P. (Pauline Books and Media, 1994).

How to Live a Holy Life, St. Alphonsus Liguori, ed. Thomas M. Santa, C.Ss.R. (Liguori, 1999).

Imitation of Christ [A Imitação de Cristo], Thomas Kempis, ed. William C. Creasy (Ave Maria Press, 1989).

An Introduction to the Devout Life [Introdução à vida devota], São Francis de Sales (TAN Books and Publishers, Inc., 1942, 1994).

Irish Saints, Robert T. Reilly (Avenel Books, 1964).

John Paul II's Book of Saints, Matthew Bunson, Margaret Bunson, Stephen Bunson (Our Sunday Visitor, 1999).

The Ladder of the Beatitudes, Jim Forest (Orbis Books, 1999). *Lessons from the Lives of the Saints,* Rev. Joseph M. Esper (Basilica, 1999).

The Little Way of Saint Thérèse of Lisieux, John Nelson (Liguori, 1997).

Lives of the Saints for Every Day of the Year, Rev. Hugo Hoever (Catholic Book Publishing Co., 1993). Dois volumes.

Living Wisdom for Every Day, edited by Rev. Bennet Kelley, C.P. (Catholic Book Publishing Co., 1991).

Modern Saints: Their Lives and Faces (Books One and Two), Ann Ball (TAN Books and Publishers, Inc., 1983).

A New Dictionary of Saints, org. Donald Attwater, ed. John Cumming (Liturgical Press, 1994).

The Practice of the Love of Jesus Christ [A prática do amor a Jesus Cristo], Santo Afonso de Ligório (Liguori, 1997).

Prayers and Heavenly Promises, Joan Carroll Cruz (TAN Books and Publishers, Inc., 1990).

Purgatory Explained by the Lives and Legends of the Saints, Rev. F. X. Shouppe, S.J. (TAN Books and Publishers, Inc., 1973).

Saint Anthony of Padua, edited by Rev. Cassian A. Miles, O.F.M. and Janet E. Gianopoulos (Catholic Book Publishing Co., 1991).

Saint of the Day, Leonard Foley, O.F.M. (St. Anthony Messenger Press, 1990).

Saint-Watching, Phyllis McGinley (The Thomas More Press, 1969).

The Saints and the Sunday Gospels, Msgr. Arthur J. Tonne (Didde Printing Company, 1951).

Saints for All Seasons, ed. John J. Delaney (Doubleday and Company, Inc., 1978).

The Saints, Humanly Speaking, Felicitas Corrigan, O.S.B. (Servant Pub- lications, 2000).

Saints: Their Cults and Origins, Caroline Williams (St. Martin's Press, 1980).

Secular Saints, Joan Carroll Cruz (TAN Books and Publishers, Inc., 1989).

Selected Writings and Prayers of Saint Alphonsus, ed. John Steingraeber, C.Ss.R. (Liguori, 1997).

Stories from The Catechist, Rev. Canon G. E. Howe (TAN Books and Publishers, Inc., 1989).

Thoughts of the Curé d'Ars (TAN Books and Publishers, Inc., 1967).

Touching the Risen Christ: Wisdom from the Fathers, ed. Patricia Mitchell (The Word Among Us Press, 1999).

The Treasury of Catholic Wisdom, ed. John A. Hardon, S. J. (Ignatius Press, 1987).

The Voice of the Saints, ed. Francis W. Johnston (TAN Books and Publishers, Inc., 1965).

The Wisdom of the Saints, Jill Haak Adels (Oxford University Press, 1987).

The World's Greatest Catholic Literature, ed. George N. Shuster (Roman Catholic Books, 1942).

A Year with the Saints (Sisters of Mercy, 1891; TAN Books and Publishers, Inc.

Direção geral
Antônio Araújo

Direção editorial
Daniele Cajueiro

Editor responsável
Hugo Langone

Produção editorial
Adriana Torres
Daniel Borges do Nascimento

Revisão
Luiz A. Werneck Maia

Projeto gráfico e diagramação
Filigrana

Este livro foi impresso em 2016 para a Petra.
A fonte do miolo é Minion Pro.